汽车前沿技术
科·普·系·列

图说
汽车绿色维修技术

郭建英　潘婷婷　主编

化学工业出版社

·北京·

内容简介

本书以图说的形式,讲解了汽车绿色维修技术相关概念、原理、方法及绿色维修技术在车辆维修中的应用,让读者轻松直观地对汽车绿色维修技术的基本原理和应用场景进行快速理解学习。书中内容涵盖绿色诊断技术、快速维修技术、绿色清洗技术、绿色润滑与密封技术、绿色焊接技术、绿色热喷涂技术、绿色维修回收技术等方面。内容上基本包括了汽车绿色维修技术所涉及的各类知识。本书是一本适合非专业人员阅读的科普读物,解读技术前沿,分析技术原理,指导实际应用,指明发展趋势。

本书可供具有一定工科背景、对汽车前沿技术感兴趣的非汽车专业人群阅读使用,也可供汽车专业的入门者学习使用。

图书在版编目(CIP)数据

图说汽车绿色维修技术/郭建英,潘婷婷主编. —北京:化学工业出版社,2023.1
(汽车前沿技术科普系列)
ISBN 978-7-122-42398-6

Ⅰ.①图⋯ Ⅱ.①郭⋯ ②潘⋯ Ⅲ.①汽车-车辆修理-图解 Ⅳ.① U472.4-64

中国版本图书馆CIP数据核字(2022)第194368号

责任编辑:张燕文　黄　滢
责任校对:赵懿桐
装帧设计:刘丽华

出版发行:化学工业出版社
　　　　（北京市东城区青年湖南街13号　邮政编码100011）
印　　装:天津图文方嘉印刷有限公司
710mm×1000mm　1/16　印张10$\frac{1}{2}$　字数187千字
2023年3月北京第1版第1次印刷

购书咨询:010-64518888　　售后服务:010-64518899
网　　址:http://www.cip.com.cn
凡购买本书,如有缺损质量问题,本社销售中心负责调换。

定　　价:79.80元　　　　　　　版权所有　违者必究

前言

近年来，汽车前沿技术蓬勃发展，与我们的日常生活息息相关，大量非专业读者渴望了解这些专业技术的发展情况、技术原理、未来趋势。鉴于此，化学工业出版社组织编写了"汽车前沿技术科普系列"图书，力求使其成为一套适合非专业人员阅读的科普读物，解读技术前沿，分析技术原理，指导实际应用，指明发展趋势，让读者能够感受到这些方面的技术既贴近生活，又是未来的发展方向，并激发继续探索的浓厚兴趣。

本书是"汽车前沿技术科普系列"图书之一。汽车绿色维修是从科学发展观和社会可持续发展的角度出发，最大化控制维修资源消耗，修复、保持、改善汽车功能，同时减少废弃物排放，保护生态环境。随着汽车保有量的不断增加，在汽车维修过程中，周围环境会受到污染，同时也不可避免地会产生资源浪费，从而导致社会整体发展受到影响。因此，对汽车加以科学性与合理性的维修是有待解决的问题，而绿色维修技术则能够对保护生态环境起到促进作用，是切实实现社会可持续发展的一项重要技术。因此，合理利用资源、减少环境污染的绿色维修技术越来越受到人们的关注，逐渐成为汽车维修技术的新途径。

本书以图说的形式，讲解了汽车绿色维修技术相关概念、原理、方法及绿色维修技术在车辆维修中的应用，让读者轻松直观地对汽车绿色维修技术的基本原理和应用场景进行快速理解学习。书中内容涵盖绿色诊断技术、快速维修技术、绿色清洗技术、绿色润滑与密封技术、绿色焊接技术、绿色热喷涂技术、绿色维修回收技术等方面。内容上基本包括了汽车绿色维修技术所涉及的各类知识。

本书可供具有一定工科背景、对汽车前沿技术感兴趣的非汽车专业人群阅读使用，也可供汽车专业的入门者学习使用。

本书由郭建英、潘婷婷主编，参加编写的人员还有卓幼义、刘婷、黄鸿涛、明莉。

由于水平所限，书中错漏之处在所难免，欢迎业内专家和广大读者批评指正！

编者

目 录

第1章 汽车绿色维修技术基础 / 001

1.1 汽车绿色维修的基本含义 …………………………………… 002
1.2 汽车绿色维修的技术优势 …………………………………… 002
1.3 汽车绿色维修的基本内容 …………………………………… 003
1.4 汽车绿色维修的常用仪器、设备和工、量具 ……………… 004
1.5 汽车绿色维修的工艺标准 …………………………………… 007

第2章 绿色诊断技术 / 028

2.1 诊断设备 ……………………………………………………… 029
2.2 诊断流程 ……………………………………………………… 032
2.3 远程诊断 ……………………………………………………… 036

第3章 快速维修技术 / 044

3.1 快速维修工具与项目 ………………………………………… 045
3.2 维修材料选择 ………………………………………………… 046

第4章 绿色清洗技术 / 053

4.1 水基清洗剂 …………………………………………………… 054
4.2 无水洗车 ……………………………………………………… 055
4.3 蒸汽洗车 ……………………………………………………… 057
4.4 节能清洗设备 ………………………………………………… 058
4.5 洗车水循环利用 ……………………………………………… 060

第5章 绿色润滑与密封技术 / 063

5.1 绿色润滑剂 …………………………………………………… 064
5.2 润滑管理 ……………………………………………………… 065

  5.3 密封件与修补剂 —————————————————— 067
  5.4 滴漏治理 ———————————————————— 070

第 6 章 绿色焊接技术 / 073

  6.1 冷焊 ——————————————————————— 074
  6.2 激光 – 电弧复合焊 ———————————————— 075

第 7 章 绿色热喷涂技术 / 079

  7.1 高速电弧喷涂 ——————————————————— 080
  7.2 高效能超音速等离子喷涂 ————————————— 085
  7.3 无尘干磨 ————————————————————— 087
  7.4 水性漆 —————————————————————— 090

第 8 章 绿色维修回收技术 / 094

  8.1 废油废水收集净化升级循环使用 ————————— 095
  8.2 达到寿命周期的完好零部件回收 ————————— 100
  8.3 空调制冷剂净化与回收 —————————————— 105

第 9 章 绿色维修技术在车辆维修中的应用 / 111

  9.1 绿色维修在车辆常规保养中的应用 ———————— 112
  9.2 绿色维修技术在发动机维修中的应用 ——————— 126
  9.3 绿色维修技术在底盘维修中的应用 ———————— 146
  9.4 绿色维修技术在变速器维修中的应用 ——————— 151
  9.5 绿色维修技术在车身维修中的应用 ———————— 153

第 1 章

汽车绿色维修技术基础

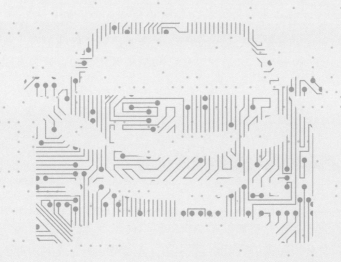

1.1 汽车绿色维修的基本含义

传统的汽车维修是指为使汽车保持、恢复或改善其规定技术状态所进行的全部活动。其基本任务是充分发挥各种维修资源的作用，保持和恢复汽车的性能。在传统维修过程中的一些维修环节，所使用的维修设备、维修场所，都可能成为污染源。在维修（如清洗、焊接、粘接、喷涂、刷镀以及机械加工等）过程中所产生的污染物以废气、废水、废渣等形式污染着大气、水体及土壤，同时还可能产生噪声、振动、电磁辐射、放射性和光辐射等污染。

在汽车维修过程中，在周围环境受到污染的同时，也必然产生资源与能源的极大浪费，从而导致社会整体发展受到影响。因此，对汽车加以科学性与合理性的维修是有待解决的问题，而绿色维修技术则能够为保护生态环境起到促进作用，是切实实现社会可持续发展的一项重要技术。合理利用资源、减少环境污染的绿色维修技术越来越受到人们的关注，逐渐成为汽车维修技术的新途径。

绿色维修是指综合考虑在资源利用率最高和对环境污染程度最小的条件下，使车辆保持或恢复到规定状态的维修作业，是一种综合考虑资源利用率和环境影响的现代维修模式，是保护生态环境和保证社会可持续发展的重要技术途径。

1.2 汽车绿色维修的技术优势

绿色维修是在坚持可持续发展的前提下，综合考虑资源利用率与生态环境等因素，以最少的维修资源把车辆恢复到最佳或符合使用标准的状态，减少废物产生，避免环境污染的现代维修模式。与传统维修造成的大量资源浪费和环境污染，甚至是人体伤害相比，绿色维修的核心在于：降低产品寿命费用，提高经济效益；在产品使用、维修等生命周期内无环境污染或使环境污染最小化；提高资源利用率。因此，绿色维修不仅是一种技术，更是一种思想，它是一种更合理、更环保、更人性化的维修思想。

1.3　汽车绿色维修的基本内容

（1）绿色诊断技术

绿色诊断技术主要体现在诊断方式和诊断设备两个方面。在诊断过程中，要采取有效的防护措施，以免污染环境和危害维修人员健康，在现场污染严重的情况下，尽量采用远程诊断方式。要采用低耗能、少污染、可靠性高、易拆卸的绿色诊断设备，采取绿色制造手段，使用绿色材料制造设备，尽量减少放射性和电磁辐射等污染。应用绿色诊断技术不仅可以避免因拆卸造成人力、物力和时间的浪费，还可以避免因拆卸造成汽车零部件的损伤，减少故障发生率，降低维修成本，保证安全生产，节约能源，利于环保。

（2）快速维修技术

快速维修技术就是以最少的时间和最快的速度完成维修任务，并使维修作业规模最小化。对于要求在短时间内完成修理和一些要求在高温、重负载或强辐射等恶劣条件下完成的维修，快速维修技术十分有效。快速维修技术主要有：采用耐磨、防腐的快速粘接剂或者工业修补剂进行维修作业；对突发损伤的设备进行冷焊、扣合、堵漏等抢修作业；以最少的时间和最快的速度完成对汽车的维修，即汽车快修。快速维修技术能够减少维修资源（人力、物力）消耗，有利于环境保护、人员安全并减少对其他设备的干涉。

（3）热喷涂技术

在汽车维修过程中，有些部件需要进行喷漆处理。传统的手工喷漆易产生漆雾。油漆中含有苯等有害物质，会危害维修人员的身体健康。为消除其负面影响，可改用机器作业，采用热喷涂技术。热喷涂技术是指将喷涂材料用热源加热，处理到熔化或半熔化状态后，以相应速率将其喷射沉积到已经预处理的基体表面，形成薄涂层的一种方法。这种技术可使表面具有耐高温、抗氧化、减摩、耐磨、绝缘、隔热、导电、防腐、防微波辐射等功能，可以达到节约资源的目的。通常把制作涂层的工作方法称为热喷涂。目前的热喷涂技术主要包括高速电弧喷涂技术和高效能超音速等离子喷涂技术，可用于汽车表面耐磨涂层、防腐涂层、防滑涂层的制备以及零件尺寸的恢复。

（4）绿色清洗技术

在传统的维修过程中，主要是采用汽油、煤油、柴油等作为清洗汽车零部件的清洗液。这不仅浪费资源、成本高、污染环境，还存在着安全隐患。绿色清洗技术则以水代油，用水基清洗剂替代汽油、煤油、柴油来清洗零部件，并且采用无水清洗法,减少洗车的用水量,避免大量污水的产生,使整个操作过程更安全、成本更低、污染更少。

(5)节约资源的工艺技术

在维修过程中简化工艺系统组成、减少原材料消耗的工艺技术即节约资源的工艺技术,如优化维修流程、减少工作量、降低原材料消耗,以及正确使用工具、降低工具的损耗等。

1.4 汽车绿色维修的常用仪器、设备和工、量具

(1)汽车绿色维修常用仪器、设备(表1-4-1)

表1-4-1 汽车绿色维修常用仪器、设备

名称	图示	名称	图示
汽车故障诊断仪		示波器	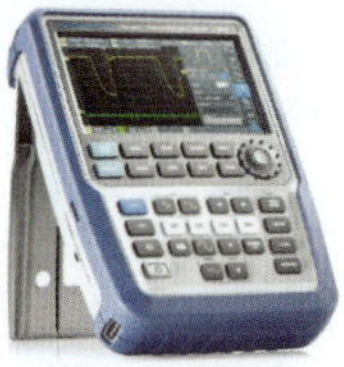
万用表		蓄电池检测仪	
空调制冷剂回收/加注机		废油收集器	

续表

名称	图示	名称	图示
核桃砂积炭清洗机		汽车喷油嘴清洗机	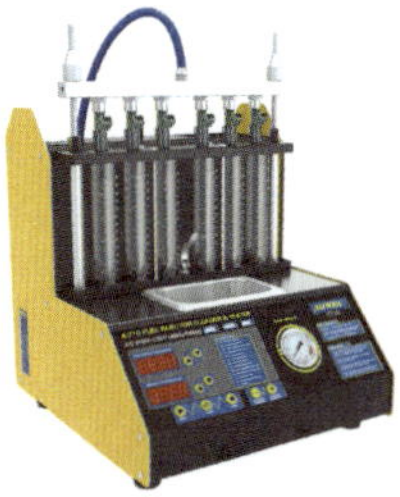
变速器油交换机		汽车凹陷修复工具	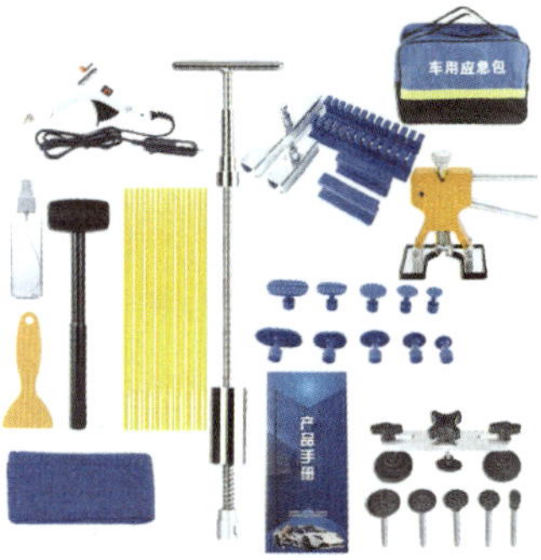
烤漆房			

（2）汽车绿色维修常用工具（表1-4-2）

表1-4-2　汽车绿色维修常用工具

名称	图示	名称	图示
常用维修工具套装（包含套筒、梅花扳手）		内窥镜	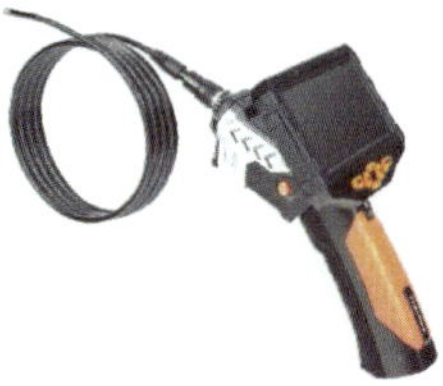

续表

名称	图示	名称	图示
手持真空检测表	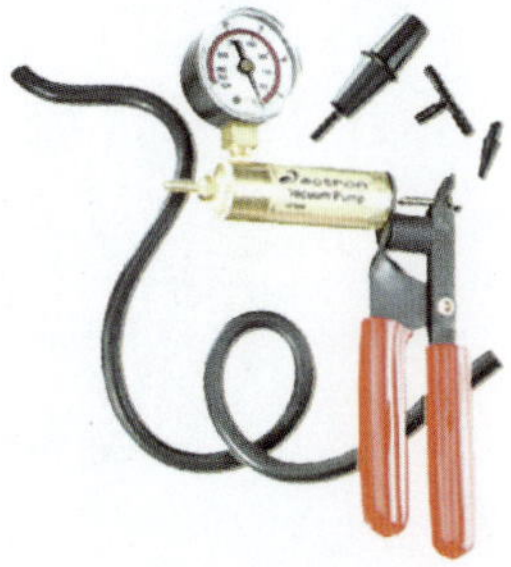	气缸压力表	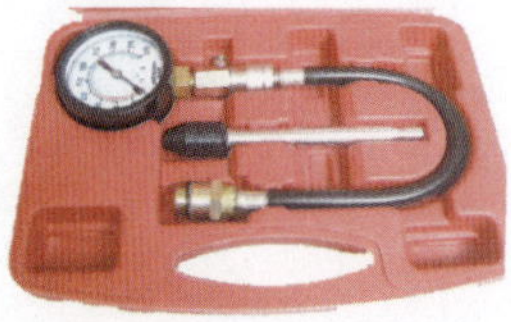
发动机燃油压力表	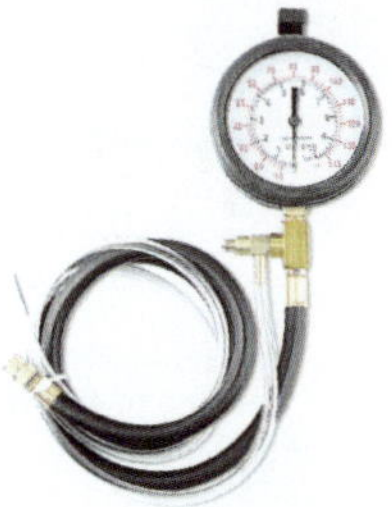	空调压力表	
发动机异响测听器	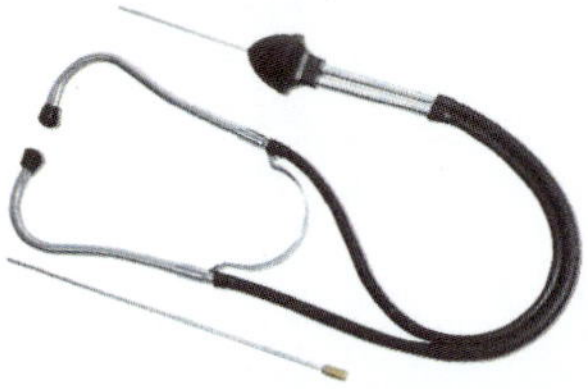		

(3)汽车绿色维修常用量具(表1-4-3)

表1-4-3 汽车绿色维修常用量具

名称	图示	名称	图示
测试灯	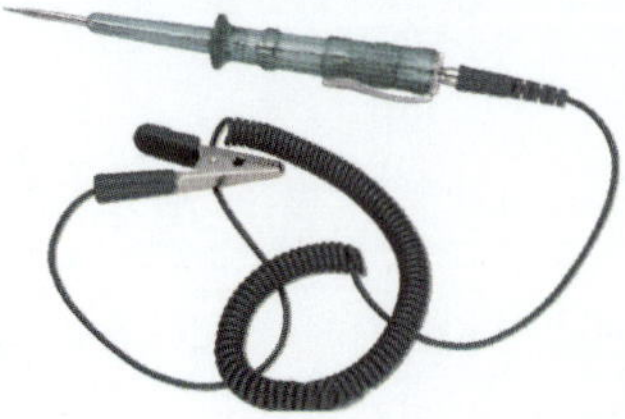	跨接线	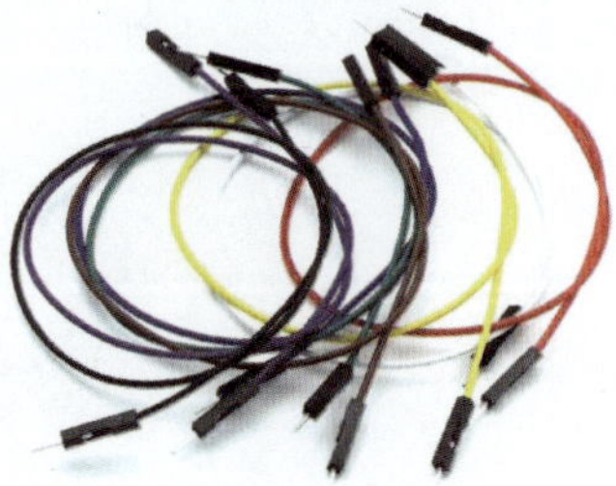

续表

名称	图示	名称	图示
钢直尺		游标卡尺	
外径千分尺	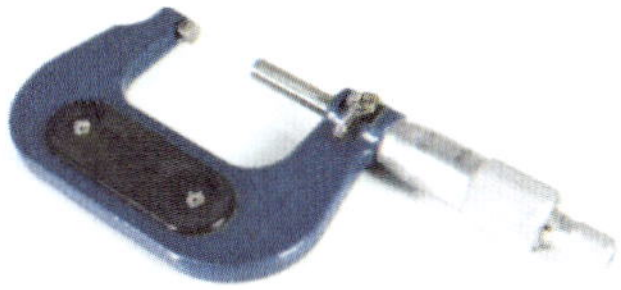	磁性表座及百分表	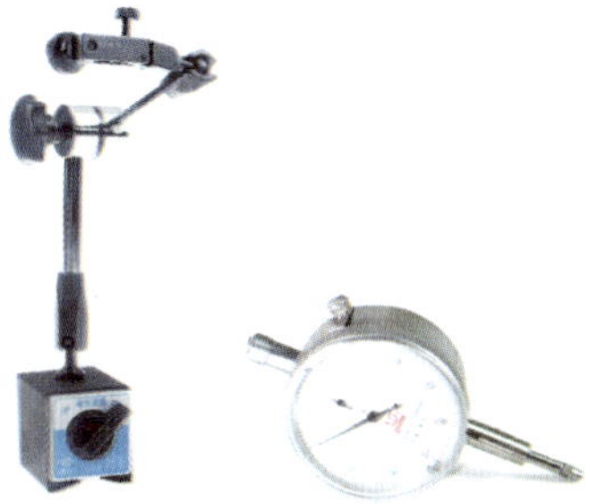

1.5 汽车绿色维修的工艺标准

1.5.1 汽车发动机维修的技术要求

（1）基本技术要求

❶ 发动机拆解时应避免造成零部件的二次损伤。

❷ 主轴承盖、连杆轴承盖应在拆卸前进行标记，不得混装。

❸ 拆解后，应对零部件进行清洗，应无油污、积炭、水垢、锈蚀物等。

❹ 零部件的油道、水套、通风孔内应无污物、无堵塞。

❺ 完好的零部件应留用，具有修复价值的零部件应进行修复，无修复价值的零部件应更换，螺栓、螺母、弹簧垫片等锁止件应检查，必要时更换。

❻ 气缸垫、衬垫、开口销、锁片、垫片、密封圈、油封等应更换。

（2）主要零部件技术要求

❶ 气缸体（图 1-5-1）

a. 气缸体应无隐蔽缺陷，宜采用染色（渗透检测）或磁力探伤（磁粉检测）等方法进行检验。

b. 气缸体上平面应平整，平面度误差应符合汽车生产企业公开的汽车维修技术信息要求。

c. 气缸直径、圆度、圆柱度和表面粗糙度应符合汽车生产企业公开的汽车维修技术信息要求。

d. 采用镶缸套工艺的，气缸套与气缸体上平面的高度差、缸套外径与承孔内径的配合尺寸应符合汽车生产企业公开的汽车维修技术信息要求。

图 1-5-1　气缸体

❷ 气缸盖（图 1-5-2）

a. 气缸盖应无隐蔽缺陷，宜采用染色或磁力探伤等方法进行检验。

b. 气缸盖下平面应平整，平面度误差应符合汽车生产企业公开的汽车维修技术信息要求。

c. 燃烧室表面应清洁、平滑，应无明显烧蚀、脱落。

d. 气门座应无烧蚀、开裂、松动、变形，工作面应无斑点、凹陷，宽度应均匀。

图 1-5-2　气缸盖

e. 气门导管应无破损、开裂、偏磨、松动。

❸ 曲轴飞轮组(图 1-5-3)

a. 曲轴、主轴承盖、飞轮、飞轮齿圈、扭转减振器等应完好,无明显损伤、变形。

b. 曲轴的弯曲和扭曲变形应符合汽车生产企业公开的汽车维修技术信息要求。

c. 曲轴应无隐蔽缺陷,宜采用染色或磁力探伤等方法进行检验。

d. 曲轴主轴颈和连杆轴颈表面应无裂纹、拉伤、烧蚀,曲轴主轴颈和连杆轴颈的直径、圆度、圆柱度和圆跳动应符合汽车生产企业公开的汽车维修技术信息要求。

e. 飞轮齿圈应无缺齿、扭曲变形,飞轮工作面磨损量应不超出汽车生产企业公开的汽车维修技术信息要求。

图 1-5-3　曲轴飞轮组

❹ 活塞连杆组(图 1-5-4)

a. 活塞、连杆、连杆轴承盖等应完好,无明显损伤、变形,活塞、连杆等应无隐蔽缺陷。

b. 活塞应无烧蚀、脱落、积炭等,活塞销孔和活塞裙部的磨损量应不超出汽车生产企业公开的汽车维修技术信息要求。

c. 活塞销表面应无裂纹、腐蚀、斑点,活塞销直径、圆度和圆柱度应符合汽车生产企业公开的汽车维修技术信息要求。

d. 连杆的弯曲和扭曲变形应符合汽车生产企业公开的汽车维修技术信息要求。

图 1-5-4 活塞连杆组

❺ 配气机构（图 1-5-5）

a. 凸轮轴、气门摇臂、气门、气门弹簧、气门挺柱、正时齿轮、正时带轮或链轮、可变气门正时机构、正时链条、张紧轮等应完好，无明显损伤、变形。

b. 凸轮应无擦伤、点蚀和剥落，凸轮轴直径及圆跳动、凸轮高度、凸轮磨损量应符合汽车生产企业公开的汽车维修技术信息要求。

c. 凸轮轴、气门等应无隐蔽缺陷，宜采用染色或磁力探伤等方法进行检验。

d. 气门挺杆底面应无凹形磨损和偏磨。

e. 气门工作面宽度应均匀，无烧蚀、开裂、斑点、凹坑、起槽等；气门杆应无弯曲、磨损。

f. 气门弹簧应无裂纹、断裂。在自由状态下，气门弹簧的刚度、自由长度和弹簧支撑面对中心线的垂直度应符合汽车生产企业公开的汽车维修技术信息要求。

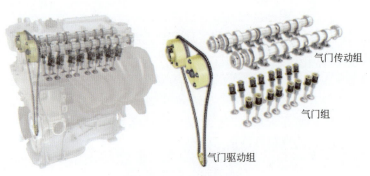

图 1-5-5 配气机构

（3）其他技术要求

❶ 水泵（图1-5-6）泵壳应无裂纹、变形，叶轮、泵轴、水封、轴承等应无松脱、磨损、变形。

❷ 节温器（图1-5-6）开启和完全开启温度、完全开启时升程应符合汽车生产企业公开的汽车维修技术信息要求。

❸ 机油调压阀、旁通阀、安全阀、曲轴箱通风阀等应无卡滞。

❹ 增压器油路应畅通，无漏油、漏气，叶轮扇叶表面应无积炭，叶轮应转动灵活、无异常振动。

❺ 电控系统相关的传感器和执行器的型号应与所修机型匹配。

❻ 发动机线束应无破损、短路、断路，防水密封件应完好，插接件端子应无弯曲、折断、缺失。

❼ 柴油发动机的输油泵、喷油泵、喷油器的型号应与所修机型匹配。

❽ 柴油发动机辅助制动装置、辅助启动装置应正常有效。

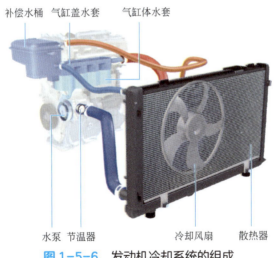

图1-5-6 发动机冷却系统的组成

1.5.2 转向系统维修的技术要求

❶ 转向盘（图1-5-7）应转动灵活、操纵轻便，无异响，无偏重或卡滞现象。转向机构各部件在车辆转向过程中不应与其他部件发生干涉。

❷ 行驶过程中转向盘应能自动回正，具有稳定的直线行驶能力。在平坦的道路上行驶不应有摆振或其他异常现象，曲线行驶时不应出现过度转向。

❸ 转向盘的最大自由转动量应符合 GB 7258 的规定。

❹ 转向轮的横向侧滑量应符合 GB 7258 的规定。

❺ 前轮定位参数、最大转向角应符合汽车生产企业公开的汽车维修技术信息要求。

❻ 转向节、转向臂、转向横拉杆、转向直拉杆及转向球销应连接可靠，不应有裂纹和损伤，并且转向球销不应松旷，横、直拉杆不应拼焊。

❼ 转向节与衬套的配合、轴颈与轴承的配合及轮毂轴承预紧度应符合汽车生产企业公开的汽车维修技术信息要求。

❽ 装备独立悬架车辆的转向节上、下球销不应松旷。

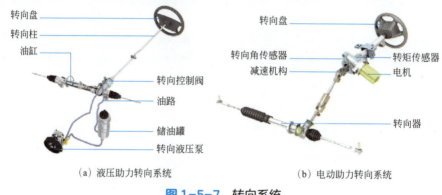

(a) 液压助力转向系统　　(b) 电动助力转向系统

图 1-5-7　转向系统

1.5.3　传动系统维修的技术要求

❶ 离合器应接合平稳、分离彻底、操作轻便，不应有异响、打滑或发抖现象；离合器彻底分离时，踏板力应不大于 300N。

❷ 离合器踏板的自由行程、有效行程应符合汽车生产企业公开的汽车维修技术信息要求；离合器踏板动作时不应与其他非相关件发生干涉，放松踏板后其能迅速回位。衬套与轴的配合应符合汽车生产企业公开的汽车维修技术信息要求。

❸ 手动变速器（图 1-5-8）及分动器应换挡轻便、准确可靠；互锁、自锁和倒挡锁装置有效，不应有乱挡和自行跳挡现象；运行中应无异响；换挡杆及其传动部件不应与其他部件发生干涉。变速器正常工况下不过热。

❹ 自动变速器的操纵装置除位于 P、N 外的任何挡位，发动机均应不能启动；当位于 P 挡时，应有驻车锁止功能；车辆行驶中能按规定的换挡条件进行

升、降挡；换挡应平顺、不打滑、无冲击、无异响。变速器正常工况下不过热。

❺ 传动轴及中间支撑装置应无松旷、抖动、异响及过热现象。

❻ 主减速器、差速器和轮边减速器应无异响，正常工况下不过热。

图 1-5-8 手动变速器传动系统

1.5.4 行驶系统维修的技术要求

❶ 车轮（图 1-5-9）的横向摆动量和径向跳动量应符合 GB 7258 的规定。

❷ 最大设计车速大于 100km/h 的车辆，车轮应进行动平衡试验，其动不平衡质量应不大于 10g。

❸ 装用的轮胎应与其最大设计车速相适应，但装用雪地轮胎时除外。

❹ 轮胎应无鼓包现象，胎面和胎壁上不应有长度超过 25mm 或深度足以暴露出轮胎帘布层的破裂和割伤。

❺ 轮胎胎冠上的花纹深度应符合 GB 7258 的规定；同轴上装用的轮胎型号、品种、花纹应一致；装用轮胎的种类及翻新轮胎的使用应符合 GB 7258 的规定；轮胎气压应符合汽车生产企业公开的汽车维修技术信息要求；用滚型工艺制作的轮辋损坏后应确保换装相同的轮辋。

❻ 装备非独立悬架的车辆，悬架应无异响；减振器、钢板弹簧应作用良好、有效，无异响；各连接杆件不松旷。

❼ 装备独立悬架的车辆，悬架应无异响；减振弹簧、扭杆弹簧、气囊弹簧、减振器应作用正常有效，无异响；各连接杆件衬套、球销、垫片齐全、不松旷。

❽ 装备空气悬架的车辆，空气弹簧应无破损或鼓包现象，在规定的供气压力下应充气正常，工作过程中不应与其他部件发生干涉。

❾ 前、后车桥不应有裂纹及变形，车桥和悬架之间的各种拉杆和导杆不应有变形，各接头和衬套不应有松旷或移位。

❿ 车长大于 9m 的客车和危险货物运输车应装用子午线轮胎，卧铺客车应装用无内胎子午线轮胎。

图 1-5-9　行驶系统

1.5.5　制动系统维修的技术要求

❶ 制动管路稳固且连接可靠；转向及行驶时金属管路及软管不应与车身或底盘产生运动干涉；制动软管无老化、开裂、压扁、鼓包等现象。

❷ 车辆在运行过程中不应有自行制动现象，但属于设计和制造上为保证车辆安全运行的除外。

❸ 采用气压制动的车辆，制动系统的装备及其性能应符合 GB 7258 的规定。

❹ 制动系统装备的比例阀、限压阀、感载阀、惯性阀等工作阀应工作正常有效。

❺ 装有排气制动装置的柴油车，排气制动装置应有效。

❻ 采用弹簧储能制动装置作驻车制动装置时，应保证在失效状态下能方便地解除驻车状态。

❼ 制动踏板（图1-5-10）的自由行程、有效行程应符合汽车生产企业公开的汽车维修技术信息要求。制动踏板动作时不应与其他非相关件发生干涉，放松踏板后其能迅速回位。衬套与轴的配合应符合汽车生产企业公开的汽车维修技术信息要求。采用液压制动装置的车辆踏板行程应符合GB 7258的规定。

❽ 驻车制动杆（图1-5-10）的有效行程应符合汽车生产企业公开的汽车维修技术信息要求。驻车制动杆动作时不应与其他非相关件发生干涉。衬套与轴的配合应符合汽车生产企业公开的汽车维修技术信息要求。

❾ 装有缓速装置的车辆，缓速装置工作应正常有效，缓速率应符合汽车生产企业公开的汽车维修技术信息要求。装有电涡流缓速器的车辆，缓速器安装部位设置的温度报警系统、自动灭火装置或具有阻燃性的隔热装置应正常有效。

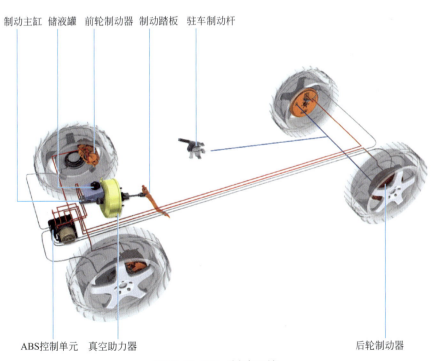

图1-5-10 制动系统

1.5.6 照明和信号装置及其他设备维修的技术要求

（1）通用要求

❶ 全车电气线路应布置合理、连接正确；线束包扎良好、牢固可靠；线束通过孔洞处应有防护措施，线束布置应符合汽车生产企业公开的汽车维修技术信息要求；导线规格及线色应符合要求，接头牢固、良好；熔断器及继电器的使用应符合汽车生产企业公开的汽车维修技术信息要求；裸露的电气接头及电气开关应距燃油箱的加油口和通气口 200mm 以上。

❷ 灯光、信号（图 1-5-11）、电器设备等及其控制装置应齐全有效。

❸ 前照灯光束的照射位置和发光强度应符合 GB 7258 的规定。

❹ 装备有其他与制动、行车安全有关的电子控制系统的元器件应齐全有效。

❺ 安装卫星定位系统车载终端的车辆，卫星定位系统车载终端应功能正常。

❻ 蓄电池应外观整洁，安装牢固，桩头完好，正、负极标志分明，桩卡头及搭铁线连接可靠；电解液密度、液面高度及电压差应符合规定。

❼ 空调性能应符合汽车生产企业公开的汽车维修技术信息要求。

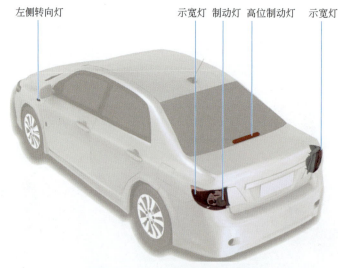

图 1-5-11　照明和信号装置

（2）载客汽车特殊要求

❶ 装有视频监控录像系统的客车，视频监控录像系统应正常有效，且无遮挡，视频监控覆盖范围至少应包含驾驶区、乘客门区、乘客区及车外前部区域。

❷ 安全防护装置应符合下列要求。

a. 客车应急锤的配备应符合 GB 7258 的规定。

b. 装有燃油箱侧面防护装置的客车，燃油箱侧面防护装置应正常有效。

c. 客车安全带应按原要求配置齐全且正常有效。装有安全带佩戴提醒装置的，该装置的视觉或声觉报警应功能正常。

d. 装有防止传动轴滑动连接（花键或其他类似装置）脱落或断裂防护装置的客车，防护装置应正常有效。

1.5.7　电动汽车 DC/DC 转换器技术要求

（1）外观要求

❶ 电动汽车 DC/DC 转换器（以下简称"DC/DC"）外表面应无明显的破损、变形等缺陷（图 1-5-12）。

❷ DC/DC 的接线端或引出线应完整无损，紧固件连接应无松脱。

❸ DC/DC 易触及的表面应无锈蚀、毛刺、飞边及类似的尖锐边缘。

❹ 包含有产品信息的标志安装应端正牢固、字迹清晰。

图 1-5-12　电动汽车 DC/DC 转换器

（2）输入/输出特性

❶ 效率　低压输出 DC/DC 的加权效率分为 E1、E2、E3 三个等级，高压输出 DC/DC 的加权效率不进行分级。加权效率应符合表 1-5-1 的规定。

表 1-5-1　加权效率

转换器类型	加权效率		
	E3	E2	E1
低压输出 DC/DC	88%～90%	>90%～92%	>92%
高压输出 DC/DC	≥95%		

❷ 额定功率　在规定的环境条件、额定输入电压、额定输出电压下，DC/DC 可持续工作的最大功率应不小于标称的额定功率。

❸ 控制误差

a. 电压控制误差　DC/DC 在恒压状态下运行，其电压控制误差应不超过 ±2%。

b. 电流控制误差　DC/DC 在恒流状态下运行，当被控电流大于或等于额定电流的 20% 时，其电流控制误差应不超过 ±2%；当被控电流小于额定电流的 20% 时，其电流控制误差应符合产品技术文件的规定。

❹ 超调量和恢复时间　DC/DC 在负载发生跃变时，输出电压的超调量应不大于 10%，恢复时间应不大于 5ms。燃料电池动力系统用 DC/DC 在输出负载发生跃变时，输入电流超调量应不大于 10%，恢复时间应不大于 20ms。

❺ 静态电流　DC/DC 无输出状态下，与低压蓄电池有固定电气连接（无法控制断开）的端口，静态电流应不大于 3mA。

❻ 输出电压纹波因数　DC/DC 输出电压纹波因数应不大于 5%。

（3）保护功能

❶ 输入过、欠压保护　当 DC/DC 输入电压大于或等于过压保护值，或者小于或等于欠压保护值时，应关闭或限制输出。故障排除后，可自动或经过必要的人为干预后恢复输出。输入过压保护值和输入欠压保护值应符合产品技术文件规定。

❷ 输出过、欠压保护　当 DC/DC 输出电压大于或等于过压保护值，或者小于或等于欠压保护值时，应关闭或限制输出。故障排除后，可自动或经过必要的人为干预后恢复输出。输出过压保护值和输出欠压保护值应符合产品技术文件规定。

❸ 输出短路保护　具有短路保护功能的 DC/DC，当其输出端发生短路，应关闭或限制功率输出。故障排除后，可自动或经过必要的人为干预后恢复输出。

❹ 过温保护　DC/DC 应具备过温保护功能，当 DC/DC 温度采样点的温度达到过温保护值时，应关闭或限制输出。故障排除后，可自动或经过必要的人为干预后恢复输出。过温保护值应符合产品技术文件规定。

1.5.8 电动汽车安全技术要求

(1) 电压等级

根据最大工作电压,将电气元件或电路分为以下等级,具体见表 1-5-2。

表 1-5-2　电压等级

电压等级	最大工作电压 U/V	
	直流	交流（有效值）
A	$0 < U \leqslant 60$	$0 < U \leqslant 30$
B	$60 < U \leqslant 1500$	$30 < U \leqslant 1000$

对于相互传导连接的 A 级电压电路和 B 级电压电路,当电路中直流带电部件的一极与电平台相连,且其他任一带电部分与这一极的最大电压不大于 30V（交流有效值）且不大于 60V（直流）,则该传导连接电路不完全属于 B 级电压电路,只有以 B 级电压运行的部分才被认定为 B 级电压电路。

(2) 遮栏或外壳

如果通过遮栏或外壳提供触电防护,则 B 级带电部分应布置在外壳里或遮栏后,防止从任何方向上接近带电部分。

遮栏和外壳需满足如下两点要求。

❶ 乘客舱内、货舱内的遮栏和外壳应满足 GB/T 4208—2017 中 IPXXD 的防护等级要求,乘客舱外、货舱外的遮栏和外壳应满足 IPXXB 的防护等级要求。

❷ 通常,遮栏和外壳只能通过工具才能打开或者去掉;若遮栏和外壳在不使用工具的情况下可以打开或者去掉,则要有某种方法使其中的 B 级电压带电部分在遮栏和外壳打开后 1s 内至少满足如下两种要求之一：交流电路电压应降到不超过 30V（有效值）,直流电路电压应降到不超过 60V；B 级电路存储总能量小于 0.2J。

(3) 高压连接器

高压连接器在不使用工具的情况下,应无法打开,但以下三种情况除外。

❶ 高压连接器分开后,满足 IPXXB 的防护等级要求（图 1-5-13）。

❷ 高压连接器至少需要两个不同的动作才能将其从相互的对接端分离,且高压连接器与其他某个机构有机械锁止关系,在高压连接器打开前,该锁止机构应使用工具才能打开。

❸ 在高压连接器分开后,连接器中带电部分的电压能在 1s 内降低到不大于 30V（交流有效值）且不大于 60V（直流）。

图 1-5-13　动力电池高压线束

（4）高压维修断开装置（维修开关）

对于装有高压维修断开装置（图 1-5-14）的车辆，高压维修断开装置在不使用工具的情况下，应无法打开或拔出，但以下两种情况除外。

❶ 高压维修断开装置打开或拔出后，其中的 B 级电压带电部分满足 GB/T 4208—2017 中规定的 IPXXB 的防护等级要求。

❷ 高压维修断开装置在分离后 1s 内其 B 级电压带电部分电压降至不大于 30V（交流有效值）且不大于 60V（直流）。

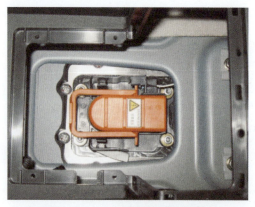

图 1-5-14　高压维修断开装置

（5）充电插座

车辆充电插座（图 1-5-15）与车辆充电插头在断开时，车辆充电插座应至少满足以下一种要求。

❶ 在断开后 1s 内，充电插座 B 级电压带电部分电压降至不大于 30V（交流有效值）且不大于 60V（直流）或电路存储的总能量小于 0.2J。

❷ 满足 GB/T 4208—2017 中规定的 IPXXB 的防护等级要求并在 1min 的时间内，充电插座 B 级电压带电部分电压降至不大于 30V（交流有效值）且不

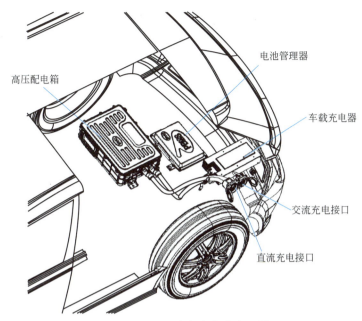

图 1-5-15 纯电汽车充电系统

大于 60V（直流）或电路存储的总能量小于 0.2J。

（6）绝缘电阻

在最大工作电压下，直流电路绝缘电阻应不小于 100Ω/V，交流电路绝缘电阻应不小于 500Ω/V。如果直流和交流的 B 级电压电路可导电地连接在一起，则应满足绝缘电阻不小于 500Ω/V 的要求。若交流电路有附加防护，则组合电路至少满足绝缘电阻不小于 100Ω/V 的要求。

附加防护方法应至少满足以下一种要求。

❶ 至少有两层绝缘层（图 1-5-16）、遮栏或外壳。

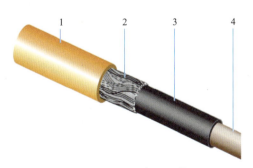

图 1-5-16 高压导线

1—橙色外部保护套；2—作为屏蔽层的钢丝网；3—导体绝缘层；4—导体

❷ 布置在外壳里或遮栏后，这些外壳或遮栏应能承受不低于 10kPa 的压强，且不发生明显的塑性变形。

(7) 动力电池 (图 1-5-17)

❶ 电池单体安全要求

a. 电池单体进行过放电试验，应不起火、不爆炸。

b. 电池单体进行过充电试验，应不起火、不爆炸。

c. 电池单体进行外部短路试验，应不起火、不爆炸。

d. 电池单体进行加热试验，应不起火、不爆炸。

e. 电池单体进行温度循环试验，应不起火、不爆炸。

f. 电池单体进行挤压试验，应不起火、不爆炸。

❷ 电池包或系统安全要求

a. 电池包或系统振动试验，应无泄漏、外壳破裂、起火或爆炸现象，且不触发异常终止条件。试验后的绝缘电阻应不小于 100Ω/V。

b. 电池包或系统进行机械冲击试验，应无泄漏、外壳破裂、起火或爆炸现象。试验后的绝缘电阻应不小于 100Ω/V。

c. 电池包或系统进行模拟碰撞试验，应无泄漏、外壳破裂、起火或爆炸现象。试验后的绝缘电阻应不小于 100Ω/V。

d. 电池包或系统进行挤压试验，应不起火、不爆炸。

e. 电池包或系统进行湿热循环试验，应无泄漏、外壳破裂、起火或爆炸现象。试验后 30min 内的绝缘电阻应不小于 100Ω/V。

f. 电池包或系统进行浸水试验，应满足如下要求之一。

i. 按 GB 38031 规定的方式一进行，应不起火、不爆炸。

ii. 按 GB 38031 规定的方式二进行，试验后需满足 IPX7 要求，应无泄漏、外壳破裂、起火或爆炸现象。试验后的绝缘电阻应不小于 100Ω/V。

g. 电池包或系统进行热稳定性试验，镍氢电池包或系统除外。包括以下内容。

i. 进行外部火烧试验，应不爆炸。

ii. 进行热扩散乘员保护分析和验证。电池包或系统在由于单个电池热失控引起热扩散，进而导致乘员舱发生危险之前 5min，应提供一个热事件报警信号。

h. 电池包或系统进行温度冲击试验，应无泄漏、外壳破裂、起火或爆炸现象。试验后的绝缘电阻应不小于 100Ω/V。

i. 电池包或系统进行盐雾试验，应无泄漏、外壳破裂、起火或爆炸现象。试验后的绝缘电阻应不小于 100Ω/V。

j. 电池包或系统进行高海拔试验,应无泄漏、外壳破裂、起火或爆炸现象,且不触发异常终止条件。试验后的绝缘电阻应不小于100Ω/V。

k. 电池系统进行过温保护试验,应无泄漏、外壳破裂、起火或爆炸现象,且不触发异常终止条件。试验后的绝缘电阻应不小于100Ω/V。

l. 电池系统进行过流保护试验,应无泄漏、外壳破裂、起火或爆炸现象,且不触发异常终止条件。试验后的绝缘电阻应不小于100Ω/V。

m. 电池系统进行外部短路保护试验,应无泄漏、外壳破裂、起火或爆炸现象。试验后的绝缘电阻应不小于100Ω/V。

n. 电池系统进行过充电保护试验,应无泄漏、外壳破裂、起火或爆炸现象,且不触发异常终止条件。试验后的绝缘电阻应不小于100Ω/V。

o. 电池系统进行过放电保护试验,应无泄漏、外壳破裂、起火或爆炸现象。试验后的绝缘电阻应不小于100Ω/V。

图 1-5-17 电动汽车动力电池

1.5.9 新能源汽车充电系统技术要求

(1)交流充电接口技术要求

❶ 充电接口的额定值(表1-5-3)

表1-5-3 交流充电接口的额定值

额定电压 /V	额定电流 /A
250	10/16/32
440	16/32/63

❷ 充电接口的功能（表 1-5-4）

表 1-5-4　端子电气参数及功能定义

端子编号（标识）	额定电压和额定电流	功能定义
1（L1）	250V 10A/16A/32A	交流电源（单相）
	440V 16A/32A/63A	交流电源（三相）
2（L2）	440V 16A/32A/63A	交流电源（三相）
3（L3）	440V 16A/32A/63A	交流电源（三相）
4（N）	250V 10A/16A/32A	中线（单相）
	440V 16A/32A/63A	中线（三相）
5 接地	—	保护接地（PE），连接供电设备地线和车辆电平台
6（CC）	0～30V 2A	充电连接确认
7（CP）	0～30V 2A	控制导引

❸ 端子布置方式（图 1-5-18、图 1-5-19）

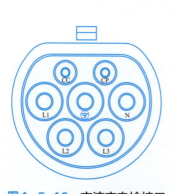 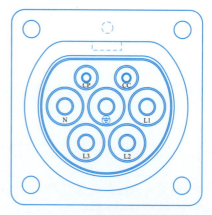

图 1-5-18　交流充电枪接口　　图 1-5-19　车辆交流充电接口

❹ 充电连接界面　在充电连接过程中，首先接通保护接地端子，最后接通控制导引端子与充电连接确认端子。在脱开的过程中，首先断开控制导引端子与充电连接确认端子，最后断开保护接地端子。电气连接界面如图 1-5-20、图 1-5-21 所示。

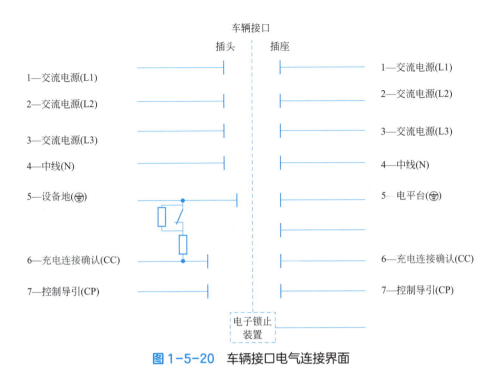

图 1-5-20 车辆接口电气连接界面

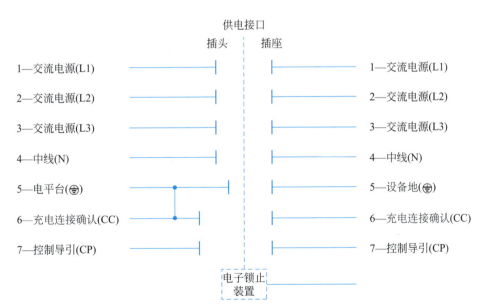

图 1-5-21 充电模式3的供电接口电气连接界面

（2）直流充电口技术要求

❶ 充电口的额定值（表 1-5-5）。

表 1-5-5　直流充电口的额定值

额定电压 /V	额定电流 /A
750/1000	80
	125
	200
	250

❷ 充电接口的功能（表 1-5-6）

表 1-5-6　端子电气参数及功能定义

端子编号（标识）	额定电压和额定电流	功能定义
1（DC+）	750V/1000V 80A/125A/200A/250A	直流电源正，连接直流电源正极与电池正极
2（DC-）	750V/1000V 80A/125A/200A/250A	直流电源负，连接直流电源负极与电池负极
3（⏚）	—	保护接地（PE），连接供电设备地线和车辆电平台
4（S+）	0～30V 2A	充电通信 CAN_H，连接非车载充电器与电动汽车的通信线
5（S-）	0～30V 2A	充电通信 CAN_L，连接非车载充电器与电动汽车的通信线
6（CC1）	0～30V 2A	充电连接确认
7（CC2）	0～30V 2A	充电连接确认
8（A+）	0～30V 2A	低压辅助电源正，连接非车载充电器为电动汽车提供的低压辅助电源
9（A-）	0～30V 2A	低压辅助电源负，连接非车载充电器为电动汽车提供的低压辅助电源

❸ 端子布置方式（图 1-5-22、图 1-5-23）

❹ 充电连接界面　车辆插头和车辆插座在连接过程中端子耦合的顺序为：保护接地，充电连接确认（CC2），直流电源正与直流电源负，低压辅助电源正与低压辅助电源负，充电通信，充电连接确认（CC1）。在脱开的过程中顺序相反。充电连接界面如图 1-5-24 所示。

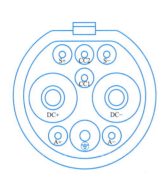

图 1-5-22 直流充电枪接口

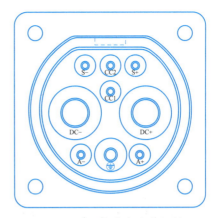

图 1-5-23 直流充电车辆接口

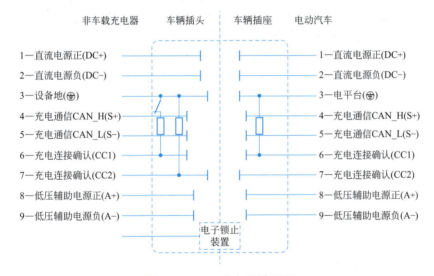

图 1-5-24 充电连接界面

第 2 章

绿色诊断技术

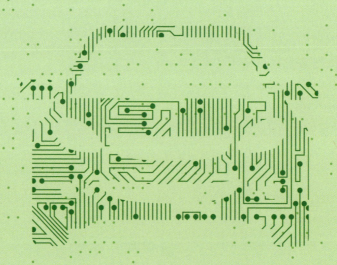

2.1 诊断设备

(1)汽车故障诊断仪

汽车故障诊断仪也称汽车解码器,它是运用现代检测技术、电子技术、计算机应用技术,对汽车实施不解体检测、诊断的一种汽车维修设备。汽车故障诊断仪可以检测车辆的各种性能参数,为全面、准确评价汽车的技术状况、使用性能提供可靠依据;通过故障码查询为故障排除提供信息。汽车故障诊断仪分为专用型和通用型。

❶ 专用诊断仪 如宝马专用诊断仪 ISTA(图 2-1-1)、大众专用诊断仪 ODIS 等。

专用型诊断仪特点:专用(只能诊断本公司生产的汽车);价格非常高;功能强大:提供各种交流诊断功能。

专用型诊断仪具有很多通用型诊断仪没有的功能,例如多重诊断功能。

图 2-1-1 宝马专用诊断仪

❷ 通用诊断仪 如元征 X431、道通 906(图 2-1-2)等。

通用型诊断仪特点:能诊断不同车型;价格相对低;主要功能是读取故障码、数据流。

通用型诊断仪采用了集成技术,外观虽小,但是功能齐全,可以读取故障码、数据流,进行动作测试,显示传感器波形,控制电脑编码等。通用型目前市场上以国产诊断仪为主,提供的功能大同小异。汽车电控系统通常有几个控制单元,每个控制单元检测相应的传感器输入信号,当系统发生故障时,故障码会被控制单元存储在记忆芯片上。

图 2-1-2　道通 906 诊断仪

（2）烟雾测试仪

汽车管路紧凑、复杂，传统的使用肥皂水及节气门清洗剂检漏的方式，检测不全面，对微小的漏点无法判断，结果不可信，而且要求汽车发动机在运转状态，必须非常谨慎，以免发生意外。

对于维修人员来说，降低维修时间、提高维修效率、降低维修过程中损坏零件的概率非常重要；而且作为车辆使用者大多对汽车结构和原理缺乏认知，所提出来的维修诉求可能是误判，缺乏准确度和可信度。使用烟雾测试仪（图 2-1-3）

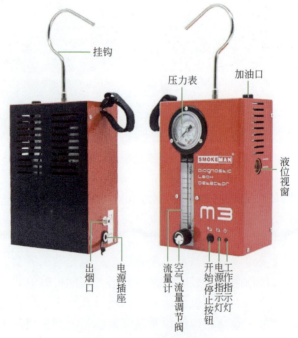

图 2-1-3　烟雾测试仪

检查车辆管路系统密封性和查找漏点，结果更直观、准确、可信，维修报价更精准，可以更专业的姿态面对客户。

在不拆解发动机的情况下，可利用烟雾测试仪对节气门轴、涡轮增压系统、中冷系统、三元催化器、废气再循环阀、制动助力器、油封（前、后）、气室盖、垫圈和连接件、隔膜和阀座、大灯（前照灯）总成、真空管及其他软管、中控锁系统、门窗密封件、油路、冷却液循环系统等进行检漏。

（3）干冰喷射清洗机

汽车在使用过程中发动机会产生积炭，积炭会导致发动机出现故障，需定期清洗积炭。相比目前的积炭清洗方式，例如吊瓶、纯手工拆洗、核桃砂清洗，干冰清洗清洁效果更明显。

干冰清洗又称冷喷技术，是以压缩空气作为动力和载体，以干冰颗粒为被加速的粒子，通过专用的干冰喷射清洗机（图2-1-4）将干冰颗粒以接近音速的射速喷射出去，干冰颗粒携带大量动能，碰撞到污垢表面时，将上述动能传递给污垢的同时瞬间急剧膨胀，形成"微爆炸"，将污垢脆化、剥离物体表面。由于干冰爆破是瞬间升华，所以不会对物体表面有任何损伤。

相对于普通的清洗方式，干冰清洗可以减少溶剂的使用，改善工作环境，增加保养效率，并减少生产停工期，降低成本，提高生产效率，不会因清洗而产生二次污染，可以做到免拆清洗。

（4）空调制冷剂回收/加注机

汽车空调系统在日常维护保养中是比较常见的项目，对空调系统进行维修保养时都需要排空制冷剂和冷冻油，如果制冷剂和冷冻油处理不好，会对维修人员身体造成损害，对环境造成污染。而且从汽车空调系统排出的制冷剂没有重复使用，造成了浪费。

使用空调制冷剂回收/加注机维修空调系统是势在必行的。汽车空调维修设备应满足日常维修需求，即具有回收、净化、抽真空和加注四种功能：回收功能，能收集汽车空调内的制冷剂R12或R134a，净化功能，能将从空调系统中抽出来的制冷剂用干燥过滤器进行处理，除去其中的杂质如固态颗粒物、冷冻油、水

图 2-1-4　干冰喷射清洗机

分和空气等，以便重新利用，这一功能也称再生功能；抽真空功能，将空调系统中的空气和水分彻底抽出来；加注功能，依靠电子计量系统或称重传感器等，实现制冷剂的定量加注，此过程也可人工操作，以满足不同需要。

（5）示波器

利用示波器可以查找线路和连接器的间歇故障；查找充电和启动故障；查找不受 ECU 监测的执行器故障，如马达和喷油嘴；识别机械故障，如正时皮带安装错误或滑动。

示波器有助于维修人员更快地诊断故障和更好地理解汽车系统如何工作，提高维修效率，降低返修率。

（6）内窥镜

内窥镜主要用于检测汽车发动机，在汽车发动机的清洗以及保养方面，也能在很大程度上显示出其积极作用。

内窥镜小巧便携，操作简单灵活；能够弯曲的插入管可以到达需要检查的任何隐蔽部位，可以发现内部损伤，有利于尽早排除安全隐患。使用内窥镜可以减小工作强度、提升工作效率，降低修理费用的同时，还避免了对机件多次拆装而造成的损害。

内窥镜还可以检查缝隙的内部情况、齿轮零件磨损情况以及油嘴、油泵的质量。

2.2 诊断流程

汽车故障诊断从故障最初症状出发，通过问诊试车（验证故障症状）、分析研究（分析结构原理）、推理假设（找出可能原因）、流程设计（提出诊断步骤）、测试确认（确认故障点）、修复验证（排除故障后检验），最后达到发现故障最终原因的目的（图 2-2-1）。

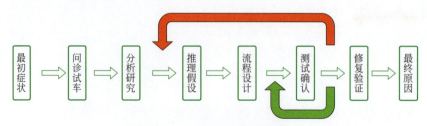

图 2-2-1　汽车故障诊断流程

(1)最初症状

最初症状是指需要维修的车辆所表现出的故障特征,对于维修人员来说,准确了解并描述故障现象非常重要,这关系到诊断的方向和效率。因为车主只能从车辆使用中的异常判断车辆出现故障,而维修人员需要根据车主的描述以及自身观察准确描述故障症状。

(2)问诊试车

❶ 问诊　这是维修人员向车主询问汽车故障情况的过程,是汽车故障诊断的第一步。问诊在汽车故障诊断中非常重要,把握好这个环节可以确定下一步故障诊断的方向,甚至可以锁定故障范围。问诊一般应包括以下内容。

a. 故障发生的状况

i. 初次故障发生的时间及汽车所处的状态。

ii. 故障是否还同时伴随着其他性能变化,故障发生之前有何征兆。

iii. 故障发生的频率:经常发生;有时发生;一定条件下发生;只发生一次。

iv. 故障发生后的变化程度:没有变化;越来越严重;迅速恶化。

v. 故障发生的环境:故障发生时的气候、道路情况等。

b. 维修保养情况

i. 故障发生后是否进行过维修,进行了哪些维修,更换过哪些零部件。

ii. 故障发生前是否加装过设备,更改过线路或更换过零部件。

iii. 该车是否按时进行保养,是否在正规维修企业进行保养。

此外,在必要时还需要了解车主的驾驶习惯,经常行驶的道路条件及行驶车速、挡位情况,以及加注的燃油标号、品质及添加剂使用情况等。

> **注意**
>
> 问诊一定要掌握技巧,询问故障症状发生时的情况时应尽量让车主多说,不要提示太多,否则会误导其说出模棱两可的故障现象,增加诊断的难度。此外提问时要用车主熟悉的话语,使其容易理解,尽量不要使用其不懂的专业术语。

❷ 试车　其目的在于再现车主所述的故障症状,以验证故障症状的真实性,同时确认故障症状再现时的特征、时间、地点、环境、条件、工况等客观状态,为进一步分析故障原因进行准备。故障症状再现后,维修人员应反复体会和观察故障症状出现时各种客观状态的细微变化,并且认真记录下来。试车是维修人员感受汽车故障症状的过程,对维修人员了解掌握故障症状特征具有

非常重要的意义。

完整的试车包括从发动机冷机启动、冷机高怠速、暖机到热机怠速、加速、急加速全过程的运行状况以及仪表指示情况的试验。此外，还应该包括汽车起步、换挡、加速、减速、制动、转向等过程的行驶状况试验，根据车辆故障选择检查汽车的动力性能、制动性能、行驶稳定性能、操纵可靠性能以及振动、异响等状况。

试车时应感受驾驶和操纵过程中的各种反应，以便检查是否有车主未感觉到的汽车故障症状存在。针对不同的故障现象应进行相应的试车。

（3）分析研究

分析研究是在问诊试车后根据故障症状，对汽车结构和原理进行的深入研究分析，目的在于分析故障生成的机理，故障产生的条件和特点，为找出故障原因做准备。分析研究通常需要借助与汽车故障相关的基础资料，了解汽车正常运行的条件和规律，并且与故障状态进行对比分析。分析研究的基础资料包括车辆结构与原理方面的知识，汽车维修手册提供的机械与液压结构原理图、油路电路气路图、电子控制系统框图、控制原理图表、技术参数表以及技术信息通报等重要信息。

（4）推理假设

在了解汽车故障部位的结构原理、查找对比汽车技术资料后，通常可以根据逻辑分析和经验判断对故障可能原因进行推理假设。推理假设是对故障原因的初步判断，它是基于理论和实践两个方面的。理论上是指根据结构原理知识，加上故障症状的表现，通过逻辑分析推出导致故障症状发生的可能原因。实践上是指根据以往故障诊断的经验，对相同或相似结构的类似故障的可能原因进行推断，这个推断具有类比判断的性质。

（5）流程设计

流程设计是在推理假设环节之后，根据假设的可能故障原因，设计出实际采用的故障诊断流程。设计时要先确定应检测的项目，再确定汽车各组成部分的故障检测方法，然后确定汽车各系统和装置工作性能好坏的检测方法，最后再确定部件和线路的检测方法。这些检测方法的应用，目的在于逐渐缩小故障怀疑范围，最终锁定故障点。

（6）测试确认

测试确认是在故障诊断流程设计之后，按照流程设计的步骤通过测试的手段逐一测试各个项目。测试确认是在不解体或只拆卸少数零部件的前提下完成的对汽车整体性能、系统或总成性能、机电装置性能、管（线）路状态以及零部件性能的测试过程，它包含检测、试验、确认三个部分，检测主要指通过人工观察和测量来完成的过程。试验主要指通过模拟试验和动态分析来完成的过程。确认主要指通过对诊断流程的逻辑分析、对检测和试验结果的判断，最后确认故障发生部位。

（7）修复验证

修复验证是在测试确认故障点后，对其进行的修复以及对修复后的结果进行的验证。它分为修复方法的确定和修复后的验证两个部分。

（8）最终原因

在对前面环节中找到的故障点进行修复验证后，故障现象可能消除了，但是这时不能认为故障诊断工作到此就结束了，因为导致这个故障点发生故障的最终原因还没有认定，如果不再继续追究下去，就此结束维修，让汽车出厂继续行驶，很有可能导致故障现象的再次发生。

对故障点的最终故障原因进行分析，找到其产生的内部原因和外部原因，彻底消除故障发生的根本原因，杜绝故障再次发生，是汽车故障诊断基本流程最后一个环节的重要内容。

发动机 ECM 故障诊断流程如图 2-2-2 所示。

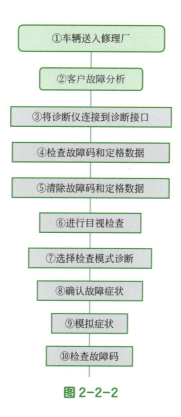

图 2-2-2

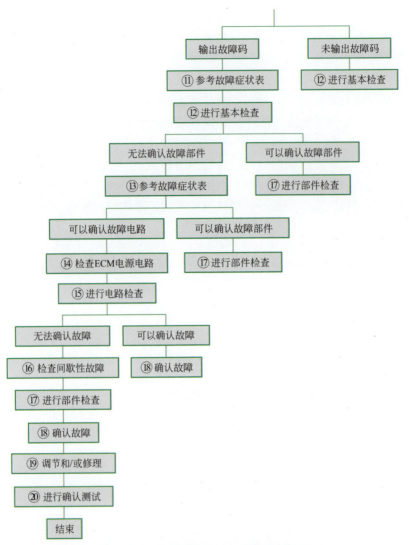

图 2-2-2　发动机 ECM 故障诊断流程

2.3　远程诊断

（1）远程诊断的背景

随着汽车工业的发展，现代电子控制技术已渗透到汽车的各个组成部分，汽车的结构变得越来越复杂，自动化程度也越来越高。随着全球信息化进程的推进，网络技术得到了飞速的发展，这为汽车维修行业资源共享、信息交流提供了快捷和自由的途径，也使建立一个基于计算机网络通信和处理的开放性汽车远程故障诊断系统成为可能（图 2-3-1）。

图 2-3-1　汽车远程网络

（2）远程诊断的作用

汽车远程故障诊断系统是指汽车在启动时，获知汽车的故障信息，并把故障码上传至数据处理中心。系统在不打扰车主的情况下复检故障信息。在确定故障后，实施远程自动故障消除，无法消除的故障以短信方式发送给车主，使车主提前获知车辆存在的故障信息，防患于未然（图 2-3-2）。

图 2-3-2　汽车远程诊断的联系

（3）远程诊断的内容

❶ 车辆定位服务（图 2-3-3）　系统根据数据采集模块，在地图中显示定位车辆位置。

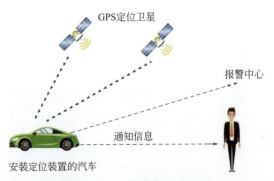

图 2-3-3　车辆定位服务

❷ 车辆实时监控（图 2-3-4）　系统实时监测车辆故障信息，包括实时油耗、发动机水温、发动机转速、车辆行驶里程、当前车速、蓄电池电压、进气压力、冷却液温度、氧传感器电压、发动机负载、节气门开度、点火正时、空气流量等。安全气囊弹出求助：当车辆安全气囊弹出时，主动与后台客服中心建立联系。

图 2-3-4　车辆实时监控

❸ 读取数据流　读取发动机系统运行参数。

❹ 读取故障码　监控系统远程读取全车故障码，如发动机、制动气囊、变速器、电子转向装置，并对检测到的信息进行分析诊断，显示对应故障内容和故障出现的可能原因。故障信息报警功能：当监控系统获取车辆报警信息时，将以短信方式发送给 4S 店及车主；监控系统报警提示，并弹出报警对话

框提示监控人员处理；同时将故障报警信息保存至数据库，完善故障案例，以便日后故障排查。

❺ 故障报警处理　监控人员获取故障报警后，将首先从故障库中检索相同故障的历史记录，作为故障排查的参考，同时通过监控中心协同维护中心技术人员对故障进行诊断。

❻ 清除故障码　远程清除发动机系统的故障码。

❼ 车辆救援服务　车辆出现故障可以向客服中心请求救援（图2-3-5）。

图 2-3-5　车辆救援服务

❽ 车辆保养提醒　系统读取油耗和行驶里程信息，并根据客户车辆维护情况信息反馈给后台或4S店、维修站，并根据汽车具体状况通知车主进行维护保养。

❾ 车辆安全系统　系统具备超强的车辆安全保障功能，被盗汽车定位、路边救助以及车辆停放提示功能，为用户的爱车提供全方位实时保障。

❿ 车辆联网客服中心　客服中心的相关配套设施可以提供快速与车主对接的服务，如有危险情况，车主可迅速传递信号给客服中心，客服中心则会在第一时间进行救援。与国内各地区的4S汽车维修店、医疗救护中心、警察局等相关机构进行紧密联系，一旦车主需要救助，紧急联系各单位进行救援。

⓫ 碰撞自动求助　车辆发生严重碰撞，该系统会自动同后台客服中心建立联系，以便及时实施救援。

汽车远程故障诊断系统，采用汽车OBD通信协议获取车辆故障等准确数据，应用GPRS传输到后台，显示在客服中心，让每一辆车都能统一管理，统一分配。这就是"车联网"的基本定义，对于车辆售后保养、维修更换记录、保险到期等业务，将是划时代的改变。

（4）远程诊断的应用

在汽车远程故障诊断系统中，首先要实时采集汽车的多种参数，以便提取相应的状态信息和故障信息，要检测的参数通常包括以下几类。

❶ 点火系统检测　包括常规点火系统、电子点火系统，实时采集初级和次级点火电压波形，通过这些波形可以分析点火线圈、火花塞、点火信号发生器、点火电子组件等工作状态和故障原因（图2-3-6）。

❷ 喷油过程参数测定　对电控汽油机主要是从喷油器处测量喷油脉冲波形，并计算出喷油脉宽和喷油提前角；对柴油机则是用外卡式传感器测量高压油管接近喷油器处的压力波形，从而判断喷油泵、喷油器及高压油管的工作状态（图2-3-7）。

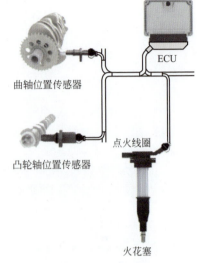

图 2-3-6　点火系统

❸ 各缸工作均匀性检查　主要是通过在怠速下对各缸断火，测量发动机的转速来对各缸的工作均匀性作出判断。

❹ 各缸压缩压力判断　通过测量发动机启动电流的波动量，间接地判断各缸的压缩压力，为检测各缸活塞环组及进、排气门的密封状态提供依据。

❺ 车载传感器参数测定　这一功能是电控燃油喷射（EFI）汽车检测的关

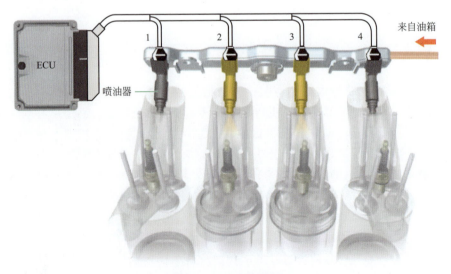

图 2-3-7　分组喷油

键技术，它需要对近 20 个传感器参数进行定性和定量的分析和测定，并与标准波形比较，以判断故障的部位和性质（图 2-3-8）。

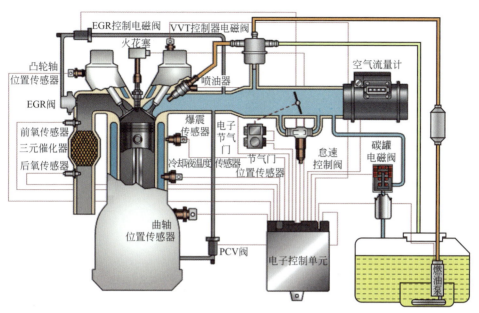

图 2-3-8 发动机电控系统组成

各种信号提取后，经过信号预处理电路的整形、滤波、放大/衰减和隔离，送入高速 A/D 转换器，由 PIC 单片机控制进行数据采集，并将采集到的数据存入 RAM 中，然后单片机通过调制解调器接入 Internet 服务商 ISP（Internet Service Provider），远程服务器验证身份和密码后，动态分配 IP 地址，连接成功，状态指示灯亮，表明单片机与 ISP 远程服务器建立了连接，然后就可以将采集到的各参数数据通过 Internet 传给诊断中心，并可接收到诊断结果和维修向导。

(5) 远程诊断的技术特点

远程诊断技术与传统诊断技术主要区别在于使车辆制造商由被动诊断变为主动诊断，能够随时或者定期对车辆进行远程诊断，并远程修复故障（借助 OTA 在线升级技术）。远程诊断有以下技术特点。

❶ 主动诊断　当车辆出现故障时，车辆可以及时地将故障码上报云诊断平台，云诊断平台根据故障码判断故障。对于无法精确定位原因的故障，云诊断平台可以将一些诊断脚本远程发送给车辆，并请求车辆主动运行诊断脚本，并将诊断结果上报云管理平台，这样能够更加精确地定位故障的具体原因。

❷ 远程故障修复　如果某些故障是ECU系统问题，可以通过升级软件解决，那么云诊断平台将结合OTA在线升级技术，将修复故障的ECU软件推送给车辆进行在线升级，从而解决故障，节省维修成本。

❸ 远程协助及诊断脚本的更新　对于车辆的故障，可以请诊断专家远程协助，提供一些最新的诊断脚本代码或者方案，通过云诊断平台推送给车辆进行验证，从而减少了出差费用。

(6) 远程诊断技术与传统诊断技术的比较（表2-3-1）

表2-3-1　远程诊断技术与传统诊断技术的比较

项目	远程诊断	传统诊断
整车厂	路测车辆诊断可远程，及时，可回溯，诊断数据可安全存储到云管理平台	路测车辆故障无法及时诊断分析
整车厂	异地生产工厂诊断可远程，OTA升级ECU，测试版本升级	往返出差费用高
整车厂	故障车辆的范围，软件及硬件的具体特征可随时搞清楚	无法精确确认车辆状态
整车厂	运营车辆的运营监控	额外开发远程监控平台
整车厂	降低售后成本	售后成本不可控
4S店（维修厂）	车辆故障预警，可以提供主动式售后服务	到店后才知道车辆的故障
4S店（维修厂）	远程诊断，确认故障范围及时备货	响应速度慢，车辆故障不明，到店调货，维修时间长
4S店（维修厂）	虚拟诊断，远程协助	无法协调分析，效率较低
4S店（维修厂）	故障排除解决方面具有日志自动记录查询，故障复习提醒等措施	偶发故障解决困难
车主	可提供给车主维修建议和维修指导	售后滞后
车主	对故障例提供驾驶引导	故障车的驾驶处理比较危险
车主	可提供上门维修的可行性	只能到店维修

(7) 远程诊断未来的发展

对于一些软件的故障修复，可以借助OTA在线升级技术。未来的远程诊断必将和OTA在线升级技术结合，才能够充分发挥远程诊断的优势。远程故障诊断技术和OTA在线升级技术的结合给未来汽车制造商智能化管理运营中心业务的构建与扩展创造了无限可能。

(8)汽车 OTA 在线升级

OTA 可以使汽车上能够传输数据的软件、硬件实现上传、下载、代码更新等功能。可以通过软件升级来改变车辆的性能,增加更多的功能,或者修复某些系统安全漏洞等。

目前汽车 OTA 分为两种:一种是可以深层次改变汽车控制系统及电池管理系统,修改升级汽车的性能表现,甚至还可以通过预设硬件,通过后期 OTA 逐渐开放一些新功能,如自动驾驶等,代表车型有特斯拉和蔚来;另一种是针对传统燃油车,由于驱动系统属性的不同,不能通过 OTA 改变车辆性能,仅支持娱乐系统的在线升级,相对简单一些,例如上汽的斑马和吉利 GKU 系统。

第 3 章

快速维修技术

3.1 快速维修工具与项目

(1) 快速维修常用工具

❶ 棘轮扳手及套筒(图 3-1-1) 这种扳手摆动的角度很小,能拧紧和松开螺钉或螺母。拧紧时顺时针转动手柄。方形的套筒上装有撑杆。当手柄向反方向扳回时,撑杆在棘轮齿的斜面中滑出,因而螺钉或螺母不会跟随反转。如果需要松开螺钉或螺母,只需翻转棘轮扳手沿逆时针方向转动即可。

❷ 通用型钳式机油格扳手(图 3-1-2) 适用多款车型和发动机,减少了机油格扳手的存放数量,使用简单、方便,能对应多种尺寸的机滤,不需要与其他件配合使用,可提高工作效率。

图 3-1-1 棘轮扳手及套筒

图 3-1-2 通用型钳式机油格扳手

图 3-1-3 扭力扳手

❸ 废油收集器 可用作接油器,存放废油液,也可从发动机中抽出机油。

❹ 扭力扳手(图 3-1-3) 是紧固螺纹连接件时控制拧紧力矩的工具,用预定好的力矩或角度进行紧固来保证足够的拧紧力,以确保螺纹连接件的可靠性。在紧固螺栓、螺母等螺纹连接件时,可以控制施力的大小,以保证螺纹紧固且不至于因力矩过大破坏螺纹连接件和与

之相连的零件。

汽车厂家的技术文件中每一个螺栓都有标准力矩，按照厂家的技术文件操作可降低零件的损坏率、降低二次维修故障率、提高工作效率和可靠性。

（2）汽车机电快速维修项目

汽车快修，是指从事汽车维护以及汽车小维修作业活动，服务时间一般锁定在2h以内，以小维修项目为主，在短时间内完成，已达到效益最大化、节约时间成本、提高工作效率。

发动机快修保养模块：机油三滤的检查与更换、正时皮带的检查与更换、火花塞的检查与更换、冷却液的检查与更换、节气门的清洗、燃油泵的检查与清洗、蓄电池的更换。

轮胎修复模块：机械扒胎、动平衡、轮胎修补、四轮换位。

底盘快修保养模块：制动维护、手动/自动变速器的检查与更换、球笼的检查与更换、离合器油的检查与更换、制动液的检查与更换、制动片的检查与更换、转向助力液的更换、手制动的检查调整。

空调系统：空调清洗、空调滤清器更换、制冷剂添加、空调消毒。

3.2 维修材料选择

（1）发动机润滑油（机油）的选择

❶ 汽油发动机润滑油选择

a. 注意事项

i. 汽油机润滑油不能用于柴油机。

ii. 在保证发动机可靠润滑的前提下，润滑油黏度尽可能小些。温度高、负荷大、速度低的发动机选用黏度较大的润滑油，新发动机应选择黏度较小的润滑油，磨损严重的发动机应选择黏度较大的润滑油。

iii. 应尽量使用多级润滑油。

iv. 应优先选用国产名牌润滑油。

v. 不同牌号、不同规格、不同厂家生产的油一般不可混用，也不可将其他机械用油加在发动机上使用。

b. 选择方法　根据美国汽车工程师协会（SAE）采用的黏度等级分类法，将润滑油分为夏季用的高温型、冬季用的低温型和冬、夏季通用的全天候型。建议参照车辆保养手册要求的黏度选购，否则可能有损发动机，或导致油耗增加等问题。

冬季用油有 6 种,夏季用油有 4 种,冬、夏季通用油有 16 种。

冬季用油牌号分别为 0W、5W、10W、15W、20W、25W,符号 W 是 Winter(冬天)的缩写,表示用于冬天,W 前的数字越小,其低温黏度越小,低温流动性越好,适用的最低气温越低。

夏季用油牌号分别为 20、30、40、50,数字越大,其黏度越大,适用的最高气温越高。

冬、夏季通用油牌号分别为 5W/20、5W/30、5W/40、5W/50、10W/20、10W/30、10W/40、10W/50、15W/20、15W/30、15W/40、15W/50、20W/20、20W/30、20W/40、20W/50,代表冬季部分的数字越小、夏季部分的数字越大者,适用的温度范围越大。

❷ 柴油发动机润滑油选择　柴油机润滑油的等级大致分为 CA、CB、CC、CD、CE、CF、CF-4、CG-4、CH-4、CI-4、CJ-4。字母越往后则油品质量越高,一般柴油机使用到 CD 级的油就可以了,增压柴油机要求的油品质量要高一些,需要用到 CF-4,其中"4"表示适用于四冲程柴油机(表 3-2-1)。

表 3-2-1　部分柴油发动机润滑油适用场合

润滑油等级	适用场合
CF-4	高速、重负荷、长周期运转的柴油发动机
CG-4	燃料硫含量小于 0.05% 的柴油发动机
CH-4	双金属活塞柴油发动机
CI-4	低温废气再循环系统的柴油发动机

目前我国柴油机润滑油主要以 CF-4 为主。CF-4 用于高速直喷柴油机,在油耗和活塞沉积方面性能超过 CF,适用于燃烧高硫含量燃料的柴油机,特别适用于重负荷卡车。

(2)发动机冷却液(防冻液)的选择

❶ 发动机冷却液的作用　正确使用冷却液,可起到防腐蚀、防汽蚀渗漏、防散热器开锅、防水垢和防冻结等作用,能够使冷却系统始终处于最佳的工作状态,保持发动机的正常工作温度,从而使发动机具有良好的技术状态。如果使用不正确,将会给冷却系统造成伤害,严重影响发动机的性能和使用寿命。

❷ 发动机冷却液的技术要求　为保证汽车发动机正常工作和延长发动机的使用寿命,要求汽车发动机冷却液应具备下列品质。

a. 黏度小，流动性好。汽车发动机冷却液的黏度越小越好，这样有利于流动，散热效果好。

b. 冰点低，沸点高。冰点就是在没有过冷情况下冷却液开始结晶的温度；或者在有过冷情况下结晶开始短时间内停留不变的最高温度。若汽车在低温条件下停放时间较长，而发动机冷却液的冰点达不到应有的温度，则发动机的冷却水套和散热器就会被冻裂。沸点是发动机冷却系统压力与外界大气压相平衡的条件下，冷却液开始沸腾的温度。发动机冷却液在较高温度下不沸腾可保证汽车在满载、高负荷、高速条件下或在山区、热带夏季正常行车。

c. 防腐性好，不损坏汽车有机涂料。发动机冷却液在工作中要接触多种金属材料，如果它对金属有腐蚀性，就会影响发动机的正常工作。为使发动机冷却液有良好的防腐性，要保持冷却液呈碱性状态，要求发动机冷却液的pH值在7.5～11.0之间，超出该范围将产生不利的影响。发动机冷却液在加注过程中很容易接触到汽车的有机涂料层，这就要求发动机冷却液对汽车有机涂料不能有不良影响。

d. 不易产生水垢，抗泡性好。水垢对发动机冷却系统的散热强度影响很大。试验表明，水垢的传热系数比铸铁小几十倍，比铝合金小100～300倍。在发动机维修工作中，约有6%是发动机冷却系统出现的故障，而故障的常见原因是水垢或腐蚀。发动机冷却液如果产生过多的泡沫，不仅会降低传热系数、加剧汽蚀，而且会造成冷却液流动变慢。

❸ 选用发动机冷却液的注意事项

a. 当气温低于0℃时，应定时检查冷却液浓度。

b. 对于常年运行在0℃以上地区，可使用经过防锈、防垢处理的水作为冷却液，禁止使用自来水或天然水作为发动机冷却液。

c. 打开水箱盖，在水箱已冷却的状态下观察冷却液中是否有杂质，储液罐液面要保持在"MAX"与"MIN"之间（图3-2-1），检查后要将水箱盖拧紧。

d. 尽量使用同一品牌的冷却液。由于不同品牌的冷却液中的腐蚀抑制剂不同，如果混合使用，很可能会发生化学反应，破坏各自的平衡而腐蚀发动机和水箱。

e. 不要直接加注浓缩型冷却液。直接加注浓缩型冷却液，不但不能满足冷却液对冰点的要求，还会出现冷却液变质、黏度增大以及发动机温度升高等现象，因此使用浓缩型冷却液时一定要按要求进行调制。

图3-2-1 冷却液液面刻度

f. 选择正规厂家的冷却液。劣质的冷却液从外观上看,与正规产品相比并无明显区别,但是劣质冷却液会堵塞管路,还会腐蚀缸体。

g. 冷却液的有效期一般为 2 年左右,添加时应确认冷却液在有效期内,同时要检查冷却液的颜色、质地等,发现冷却液变质、变味、变混浊等现象应及时更换。

h. 尽量避免兑水使用冷却液。一般的冷却液都是不可以兑水使用的,否则会生成沉淀,严重影响冷却液的正常功能。

❹ 发动机冷却液的选用原则　汽车发动机冷却液的选用原则是其冰点要低于环境最低温度 10℃左右,以确保在特殊情况下冷却液不冻结(表 3-2-2)。

表 3-2-2　发动机冷却液推荐使用范围

冰点 / 沸点	推荐使用范围
−25℃/106℃	在我国一般地区如长江以北、华北环境最低气温在 −15℃以上地区均可使用
−35℃/107℃	在东北、西北大部分地区和华北环境最低气温在 −25℃以上的寒冷地区使用
−45℃/108℃	在东北、西北和华北等环境最低气温在 −35℃以上的严寒地区使用

❺ 柴油发动机冷却液的选用

a. 柴油机冷却液的特殊要求　柴油机对冷却液的要求比汽油机要严格,主要是柴油机与汽油机的结构特点和工作特性有很大差异。相对而言,水冷柴油机对冷却液的防腐性、挥发性、消泡性、抗沉析能力、沸点等要求较高。

i. 结构特点的要求　一般的柴油机大多数采用湿式气缸套,冷却液直接与气缸套外围接触,冷却液中的腐蚀物质对气缸套和密封橡胶圈造成腐蚀,容易产生漏气漏水现象。而汽油机大部分采用干式气缸套,冷却液不直接与气缸套接触。所以柴油机要求冷却液有更好的防腐性。

ii. 工作特性的要求　柴油机点火方式是压燃式,在点燃可燃混合气的瞬间,有多个火焰中心形成,燃烧速率高,同时燃烧的可燃混合气量多,瞬时压力升高率大,故工作粗暴,振动大,使气缸套外围的冷却液稳定性变差,易形成气泡,与高温及强振的气缸套接触后产生猛烈冲击和剥蚀,对气缸套的汽蚀作用增强,易造成柴油机气缸套漏气漏水。因此,要求冷却液的消泡性要好,可添加消泡剂。

另外,柴油机的工作温度比汽油机高,质量较差的冷却液含矿物质较多,受高温影响沉析在气缸套外围和水套的壁面上,结垢现象比汽油机严重,影响其散热能力。因此,要求冷却液含矿物质要少。

b. 柴油机冷却液的类型及正确选用　柴油机冷却液可分两大类:一类是仅

供寒冷季节防冻用的普通类，如国产的酒精-水型、甘油-水型、乙二醇-水型等；另一类是可供全年各地通用的长效类，长效冷却液除基础液和水外，还加有防腐剂、消泡剂、抗氧化剂等多种添加剂，如国产的乙烯-乙二醇型，从日本进口的 LLC 型、TCL 型，以及美国壳牌冷却液等。

目前，国产冷却液使用较普遍的有乙二醇-水型。其具有冰点低，安全可靠；沸点高，不易挥发等优点。但乙二醇-水型冷却液热膨胀系数大，比热容小，且有毒。选用冷却液或在配制时，主要依据使用地区的环境温度，沸点尽可能要高些。

水冷柴油机应加注不含矿物质的软水，如雨水、雪水，或经软化处理后的硬水。硬水是指含有较多钙、镁及其他盐类的水，如泉水、深井水、部分河水。在柴油机工作时，矿物质受热后，在冷却系统各部件上形成水垢，使冷却系统的工作受到严重影响。因此，必须重视加注水的水质。如果没有软水，可对硬水进行处理使之变为软水。常用的处理方法：煮沸，使其析出碳酸钙或碳酸镁，沉淀后再使用；在硬水中加入适量的明矾搅拌，使之溶化成胶状物黏附水中的杂质，沉淀后再使用；也可在每升硬水中加入碳酸钠 0.5～1.5g，或氢氧化钠 0.5～0.8g，或 10% 重铬酸钠溶液 30～50mL，沉淀后再使用。

（3）制动液的选择

❶ 制动液的分类　制动液按其原料、工艺和使用要求的不同，可分为醇型制动液、矿油型制动液和合成制动液，其中合成制动液具有凝点低、沸点高、不易产生气阻、耐腐蚀等优点，广泛用于高速、大负荷的汽车上。

❷ 制动液的技术要求

a. 沸点高。沸点不低于 205℃，当汽车长时间行驶、在高速或下坡行驶时，制动液温度随着制动片温度升高而升高，若制动液沸点不够高，制动液汽化，产生气泡，踩制动踏板发软，不能立即制动，不能保证行车安全。

b. 防锈性好。优质制动液对各类金属腐蚀性大大减小，可延长制动油泵寿命。劣质制动液会很快腐蚀金属，对行车安全造成危害。

c. 低温流动性好。使用优质制动液，在严寒时制动仍然灵敏、可靠。劣质制动液低温性能差，凝固点高，低于 −20℃ 就会有凝固现象发生，大大影响行车安全。

d. 不腐蚀橡胶。优质制动液使用后极少发生皮碗严重膨胀变形现象。若使用劣质制动液，皮碗容易膨胀变形，导致车辆漏油，制时皮碗翻转会造成事故。

e. 长期使用无沉淀物。制动液长期在高温状态下使用，质量不稳定就会热分解，产生沉淀物，同样影响制动性能。

❸ 制动液的正确选用　选择制动液的标准可参见车辆保养手册，另外大

多数的制动液储液罐盖上也有明确的标注。目前常用的制动液可以分为 DOT3、DOT4、DOT5.1 等标号，不同标号代表制动液的等级不同，标号越高制动液的沸点越高，耐高温的能力越好（图 3-2-2）。

高标号的制动液不能用低标号的代替，低标号的制动液可以升级成高标号的，但不同标号的制动液不能混用，需要完全更换。DOT3 目前用于一些低端车辆，DOT4 则是主流大多数车型的制动液标号。

图 3-2-2　制动液储液罐盖标注 DOT4 标号

> **注意**
>
> 购买制动液时，尽量到资质合格的大型销售场所购买，以防假冒伪劣产品。尽量购买长期为汽车厂提供配套制动液的生产厂家的产品，确保质量可靠，性能稳定。同时，在种类选择上，最好选择合成制动液，不要购买已淘汰的醇型制动液。

（4）变速器油（齿轮油）的选择

不同的变速器有不同的技术要求，即使同型号的变速器配置在不同的车型上，其转矩、速度、结构等也会有所不同。原厂都有自己指定的专用变速器油，而变速器油的不同也会影响换挡品质和变速器耐用程度。自动变速器油具有更精细的油分子和高效的抗剪切能力。在半离合状态下或接合瞬间，摩擦材料表面的油膜可以起到有效的悬挂缓冲作用，可以缓解强大的冲击力，使接合更加顺畅。

❶ 手动变速器（MT）油　根据其质量水平，分为五个等级，从 GL1 到 GL5。GL1～GL3 已经不用了，大部分使用 GL4 和 GL5。在油品特性方面，手动变速器油的黏度高于自动变速器油，更换周期一般比自动变速器油短。

❷ 液力自动变速器（AT）油　是专门用于自动变速器的油液，它有两个作用，除了对行星齿轮组润滑、散热外，最主要的是传递动力，因此流动性要求较高，它的黏度比手动变速器油低。另外，其抗气泡能力也比手动变速器油要求更严格。现在主要有 4AT、5AT、6AT、7AT、8AT、9AT 等，变速器挡位越多，其对变速器油的要求也越高。

❸ 电控机械式自动变速器（AMT）油　电控机械式自动变速器是在手动变

速器的基础上加以改进，主要改变了手动换挡操纵部分，即在总体传动结构不变的情况下通过加装微电脑控制自动操纵系统来实现换挡，因此 AMT 能够与 MT 使用一种变速器油。

❹ 机械式无级变速器（CVT）油　CVT 油的本质类似于 AT 油，也是专门用油。CVT 油不能用 AT 油代替，其粘度比 AT 油低，此外它还具有必要的阻尼摩擦，以防止传动链打滑。

❺ 双离合自动变速器（DCT/DSG）油　它也是一种特殊产品，不能与其他变速器油混合使用。

注意

低品质或假冒的变速器油，耐温能力差，容易产生氧化，造成油渣，堵塞滤网，降低变速器油压，影响换挡质，同时损伤摩擦材料及密封橡胶和金属零部件，最终导致变速器工作不正常。

颜色：正品油呈黑色至黑绿色，色泽光亮，流动均匀；劣质油色泽混浊，流动性差。

黏稠度：正品油沾在手上不易去除，会出现拉丝；劣质油基本无黏稠性。

气味：正品油中有一股焦油味；劣质油的气味难闻，有异味。

包装与标识：正品油包装整洁，有厂家的生产许可证编号、标准号等；劣质油包装粗劣，无厂家信息标识，无生产许可证编号及标准号。

（5）其他零件的选择

❶ 原厂件　带有原厂包装，带 4S 标签，汽车生产厂家指定的生产商制造的配件，与装车配件一致，并有指定出货渠道。

❷ 正厂件　原主机厂指定的生产商制造的配件，也是装车使用配件，但是没有原厂包装或者 4S 标签（就是原厂件）。

❸ 品牌件　由品牌工厂按照原车尺寸和标准生产的零件，质量也是可以的，有的品牌件甚至会比原厂件还要好，但是也有不如原厂件的，总之根据实际情况，看生产厂家规模，一般情况下使用都是没有问题的，很适合私家车主自费维修的情况，会节省很多费用。

❹ 下线件　主机厂生产的配件稍微有一些瑕疵，但是总体上不影响使用，质量稳定性视情况而定。

❺ 拆车件　报废车或者事故车上拆下来的配件（二手件）。

根据需求选购配件。

第 4 章

绿色清洗技术

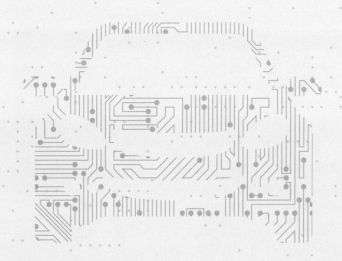

4.1 水基清洗剂

(1) 水基清洗剂简介

水基清洗剂以去离子水作为主溶剂，与表面活性剂、助溶剂、添加剂等组合而成，借助于含有的表面活性剂、乳化剂、渗透剂等的润湿、乳化、渗透、分散、增溶等作用来实现对污物的清洗（图4-1-1）。

(2) 水基清洗剂的清洗机理

水基清洗剂以表面活性剂为主要成分，同时添加各种添加剂如稳定剂、缓蚀剂、增溶剂、消泡剂、防霉剂、防冻剂等。表面活性剂具有浮化、润湿、增溶、渗透、分散、防腐、络合等特性，在清洗液中起主要作用。表面活性剂是一种两亲分子，当这种两亲分子附着于油-金属界面时，其亲油端容易吸附在油污表面，并伸向油污内部，而亲水端则吸附在金属表面，在油-金属

图 4-1-1　水基清洗剂

界面间形成一层紧密的定向排列的表面活性剂分子膜，增加金属零件的润湿性。在水溶液浸泡、撞击零件过程中，表面活性剂分子在水分子的吸引下，使油污从金属零件表面脱离。当这种两亲分子附着于油-水界面时，其亲水端向水中伸入，形成一层膜，降低油-水的界面张力。当溶液中的表面活性剂分子达到一定浓度时，就会使油污在溶液中形成稳定的微小油污颗粒，形成溶解了油污的乳化液，达到清洗零件的目的。

(3) 水基清洗剂的适用范围

水基清洗剂广泛用于清洗塑胶、光学玻璃、金属（铜、铁、铝、钢、锌、合金）等材料表面拉伸油、切削油、防锈油、润滑油、冲压油等。

(4) 水基清洗剂的优点

❶ 不含ODS类物质，对臭氧层无破坏，在自然环境中可迅速降解，有良好的生物降解性，并且对环境无任何有害影响，不会对土壤、水体环境造成危害，不含磷，不会造成赤潮等环境破坏，符合国家环保法律和国际环保公约的要求。

❷ 不含任何有毒有害物质，产品原料选自植物，各种表面活性剂、渗透

剂、缓蚀剂可降解，安全无毒，不会影响人体健康。

❸ 对矿物油脂和动、植物油脂与泥土、粉尘、颗粒物形成的顽固污垢均有极佳的清洁能力，可以彻底除去污垢，且低泡，不会对金属工件表面产生腐蚀。

❹ 使用储存简单方便，在冷热温度下使用，性能稳定，生产工艺简单、操作方便，环境条件宽松，无需专用设备，具有显著的实用价值和经济效益。清洗效率高，可以代替汽油、煤油、氯仿等有机溶剂迅速清洗不同金属表面上的机油、润滑油、防锈油、齿轮油等多种矿物油。

(5) 水基清洗剂在汽车维修上的应用

汽车维修时有时要进行零部件清洗，还以原色，否则油脂、残渣会影响维修的质量以及车辆的运行。一般情况下清洗要使用汽油或柴油，其缺点是浪费燃料，增加成本，同时对人体有不良影响。水基清洗剂具有去污效果好、成本低廉、稳定性强的特点，有一定的实用价值（图4-1-2）。

图 4-1-2 清洗发动机零件

4.2 无水洗车

(1) 无水洗车简介

无水洗车就是洗车不用水，实践中很多公司用洗车蜡水或镀晶无水洗车液、高分子膜无水洗车液代替水，洗出的效果比水好（图4-2-1），洗车同时在车漆表面镀膜。用干洗保护釉洗车可以同时完成清洗、润滑、上釉等功能，起到清洁脏物与保护车漆的作用。

无水洗车针对车漆、玻璃、保险杠、轮胎、皮革、丝绒等不同部位、不同材料使用不同的产品进行，可以在彻底清洁污垢的同时使汽车得到有效的保养（图4-2-1）。

图4-2-1 无水洗车

（2）无水洗车的优势

❶ 不损伤车辆漆面。长期使用该方法，还能起到对车辆的养护作用。

❷ 清洗不使用水，可节约大量水资源。

❸ 不污染环境，无任何废水、废气排放。

❹ 不需要任何设备与能源。只要一个工具箱，几块抹布，一把毛刷即可，无需投入大量资金。

❺ 操作简单。操作工无需特殊培训，一讲就会，一看就懂，学习一天便可单独操作。

❻ 洗车成本低。

❼ 方便易行，可上门服务。无需将车辆开到洗车点。

（3）无水洗车的流程

❶ 从上到下将汽车浮面尘土沙粒清除。

❷ 将无水亮洁剂喷在车身上，分段喷抹。

❸ 用海绵沿同一方向抹匀。

❹ 用干毛巾在车身上以螺旋方式进行抛光，完成车身清洗。

❺ 用刷子刷掉轮胎上的泥土。

❻ 用轮胎清洗剂对着轮胎喷一圈，完成轮胎清洗。

❼ 将玻璃清洗剂喷在抹布上，擦拭汽车玻璃，完成玻璃清洗。

4.3 蒸汽洗车

(1)蒸汽洗车简介

高压蒸汽既可消毒,又可除污,有独特的热分解功能,能迅速化解泥沙和污渍的粘黏,使其脱离汽车表面,达到清洗的目的。喷射出来的高压蒸汽使粘在车漆表面的污物一扫而光,然后再进行擦拭,不会对车漆造成伤害,同时中性清洗蜡水会在车漆表面迅速凝固,形成蜡膜保护漆面(图4-3-1)。

图4-3-1 蒸汽洗车

(2)蒸汽洗车的优势

❶ 能适应节能环保的大趋势。传统高压水洗车不节约水资源,造成大量废水污染等,蒸汽洗车正好解决了这些问题,随着节能环保意识的提高,蒸汽洗车必将成为一种新的发展趋势。

❷ 能适应各种场所的洗车需求。蒸汽洗车可以上门服务,更可以进行地下停车场洗车、大型商场停车场洗车以及家庭用户自助洗车。

❸ 能进行全方位洗车。蒸汽洗车可灵活调节干湿度,不同于高压水洗车,除清洗车身外,还可以清洗发动机,清洗车内座椅、顶棚、空调、脚垫、饰品等,达到全面清洗。

❹ 能将清洗提高为精洗。蒸汽精洗的主要概念是,蒸汽可全面清洗汽车的各个部位,而最重要的是蒸汽洗车不是单纯的高压加冷水的冲洗过程,而是利用蒸汽的特性,以适当的压力和温度全面地对汽车每个细微部位进行清洁、杀菌、消毒、除味,达到更高的洗车清洁度,将简单的清洗提升为精洗,密切关系到车主的健康问题。

❺ 能进行深度洗车。蒸汽可以将车漆表面的水泥、沥青、虫尸、树胶、鸟粪、轻微划痕、铁粉、氧化层、胶痕等全部清除,且具有微抛光效果,越洗越亮。

（3）蒸气洗车的流程

❶ 准备蒸汽洗车机。将设备接上电源,接上水,准备干净毛巾,车身、轮毂、内饰等处毛巾不可混用。

❷ 取出脚垫冲洗甩干。打开车门,双手同时拿住脚垫前端与尾端,以免脚垫上的脏物掉进车内,注意查看车钥匙,然后清洗钢圈、轮毂、脚垫。

❸ 清洗车身。首先用蒸汽清洗车身外部,快速且均匀地擦洗。顺序大致为：发动机盖→翼子板→前挡玻璃→侧挡玻璃→后视镜→车门→顶棚→后挡玻璃→后盖下面→后保险杠→侧面下半部→前保险杠→轮胎和轮毂。注意边缝、反光镜、门抠手、轮胎、轮内侧等部位一定要仔细清洗干净。

❹ 清洗发动机。打开发动机盖,先用"龙卷风"把树叶、灰尘等吹除,然后用蒸汽洗车机纯蒸汽模式直接清洁,如有顽固污渍可适当使用清洁产品,然后用毛巾按从上到下、从内到外的顺序擦拭。

❺ 清洁内饰。用毛巾配合蒸汽喷枪按从上到下、从内到外的顺序进行清洗擦拭［顺序：玻璃（前、后、侧）→仪表台→转向盘→烟灰缸→空调风口→储物箱→座椅（正、反面）→边门储物盒→门包→门边框上半部→尾箱→门边框下半部→离合器踏板、制动踏板及加速踏板］。擦拭完毕,从前门开始除尘,前门吸完再吸后门。注意中控台的凹槽、烟灰缸、座椅边缝、椅角边缝、离合器踏板、制动踏板、加速踏板、地毯边缘、边门储物盒、后挡板等处应仔细清洗,在吸尘过程中尽量少移动车内物品。

❻ 还原脚垫。将已清洁并吹干的脚垫完好地归还原位。

❼ 轮胎打蜡。将轮胎蜡均匀涂抹在轮胎外侧,轮胎接地面也要涂抹到1/3。

> **注意**
>
> 不要涂抹到轮毂上。

4.4 节能清洗设备

❶ 电驱动式高压清洗机（图4-4-1）

图 4-4-1 电驱动式高压清洗机

图 4-4-2 发动机驱动式高压清洗机

❷ 发动机驱动式高压清洗机（图 4-4-2）
❸ 冷水型高压清洗机（图 4-4-3）

图 4-4-3 冷水型高压清洗机

图 4-4-4 冷热水型高压清洗机

❹ 冷热水型高压清洗机（图 4-4-4）
❺ 泡沫清洗机（图 4-4-5）

图 4-4-5 泡沫清洗机

图 4-4-6 电热式蒸汽清洗机

❻ 电热式蒸汽清洗机（图4-4-6）

❼ 电脑清洗机

a. 固定式电脑清洗机　清洗机不动，汽车由机械牵引或自行缓慢通过清洗机的工作区域，清洗机通过各种检测设备反馈的信息，按照相应的指令程序自动运行，达到清洗汽车的目的，如隧道式连续清洗机、大（中小）型通道式清洗机等（图4-4-7）。

b. 移动式电脑清洗机　汽车不动，清洗机按照一定的程序在导轨上来回移动，周期执行洗车指令，如龙门往复式清洗机、大（中小）型移动式清洗机等（图4-4-8）。

图4-4-7　固定式电脑清洗机

图4-4-8　移动式电脑清洗机

4.5　洗车水循环利用

（1）背景

❶ 水资源浪费方面：以每辆车每周洗两次计，每车次耗水50公斤，16000万辆车每年将耗费8.34亿吨水，相当于58.5个西湖的水容容，如循环利用按回收70%计，相当于再造了41个西湖。

❷ 环境污染方面：仅以LAS（表面活性剂）计，洗车废水中LAS含量在5～30mg/L之间，以平均值17.5mg/L计，LAS净污染物量14595吨用水稀释到国家二类排放标准的含量1mg/L将用掉5个山峡水库的容量（山峡水库容量为30亿吨），用掉1043个西湖的水容量。

❸ 国家高度重视，各级政府积极响应，并付诸行动。随着全国各地水资源状况及环境状况的日益恶化，洗车水的浪费问题引起了人们的关注。

(2) 洗车水循环利用的难点

洗车水中主要杂质及污染物有油污、泥沙、表面活性剂、病菌及其他可溶性物质。处理工艺采用前置过滤，多介质过滤、活性炭吸附，主要是去除水中的有机物、悬浮物、胶体和余氯等。对洗车水的处理工艺要具有针对性、有效性及可行性。

对油污、泥沙的处理问题基本都能解决，只是解决得好坏不同而已。经过此段处理后的水基本都清澈透明，与自来水无异。从大多数的循环水设备整体处理工艺来看，就只完成了洗车水的此道处理工序。

对洗车水中溶解性油污、表面活性剂、病菌及其他可溶性物质的处理是循环水设备能否让洗车水循环利用的关键所在。循环水中的泡沫和水臭的问题都是因此引发，所以整个工艺必须围绕此问题来进行设计。

(3) 洗车水处理方法

❶ 采用石英砂过滤、活性炭吸附多介质过滤器。石英砂等滤料可以滤除水中的泥沙、铁锈、油污等；活性炭用来将水中的各种气味、颜色、洗涤剂等吸附去除；精密过滤器可将水中残留的泥沙、铁锈、油污等过滤掉，从而保证最终出水水质。但是此工艺需要经常反洗，活性炭使用一段时间（依设备中活性炭的体积用量 7～15 天饱和）后需再生或更换。其成本之高是难以承受的。

❷ 采用生化法从工艺上是可行的。要达到要求必须要有足够的空间以保障生化时间，再者洗车水的营养成分不足以满足生化要求。

❸ 膜过滤对进水水质要求较高，对水的压力要求也高。在膜过滤中除了反渗透膜和纳滤膜外，其他膜是无法去除 LAS 成分的，而反渗透膜和纳滤膜对过水压力的要求和维护成本，从经济上讲是不现实的。用于低级水处理的超滤膜无法过滤溶解于水中的大多数污染物。

❹ 光催化氧化技术是 20 世纪 70 年代后发展起来一种方法。该工艺分两步：第一步，将收集的洗车废水经沉淀后加净水剂混凝、沉降澄清；第二步，经光催化氧化分解泡沫及紫外灯在光催化剂催化作用下分解发臭物质（除臭）并杀菌消毒。经两步处理的水无色无味没有泡沫，即可进行循环使用。该工艺较为成功，使用率高。

(4) 洗车水循环利用系统

洗车水循环利用系统实现对洗车水的资源化处理，出水达到原水标准，清澈透明、没有异味，既节约水资源，降低洗车成本，又符合环保要求（图 4-5-1）。

图 4-5-1　洗车水循环利用系统

悬浮生物滤池（FBBF）与多维电催化氧化（NyexTM）有机结合。FBBF 利用悬浮过滤、生物吸附作用先将水中悬浮物和有机胶质进行有效去除，后续多维电场产生强大的高浓度羟基自由基将污染物彻底氧化去除。催化氧化单元惰性电极无损耗，专利填料只起吸附作用，无需更换，系统设备少，操作简便，无化学药剂，无人值守，可完全智能化。

第 5 章

绿色润滑与密封技术

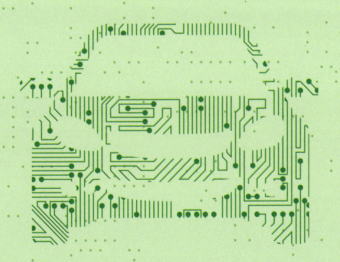

5.1 绿色润滑剂

（1）绿色润滑剂的产生原因

润滑剂可以减少机械运行时的摩擦和磨损，降低摩擦表面的温度，防止胶合，提高机械效率，减少能源消耗，延长机械寿命等。它在汽车、机械加工、冶金、煤炭、交通运输、建筑、林业等行业都有着广泛的应用。随着工业的飞速发展，润滑剂的需求量和消费量呈上升趋势。然而，在其大量被使用的同时，由于运输、泄漏、溅射、自然更换等原因，润滑油不可避免地被排放到环境中，尤其是在森林、水源、农田、矿山等敏感区域。而矿物基润滑油在自然环境中可生物降解能力又很差，滞留时间长，严重污染了土壤和水资源，破坏了生态环境和生态平衡。

目前工业使用的传统润滑剂多采用难以生物降解的物质制成，如合成油或石油的衍生物等，尤其还需添加对环境污染严重的金属增稠剂。这一类润滑剂虽然性能良好，但却不够环保。

（2）绿色润滑剂简介

绿色润滑剂属于新型环保润滑剂，实际上是一种"油凝胶"，可生物降解，作为传统润滑剂的替代产品，避免了对环境造成污染（图5-1-1）。

图5-1-1　绿色润滑剂的优点

❶ 绿色润滑剂基础油　基础油是影响润滑剂生物降解性能的决定性因素。目前绿色润滑剂基础油的研究主要集中在合成酯、植物油和其他一些基础油如聚α-烯烃（PAO）和聚醚等方面。

合成酯作为高性能润滑剂的基础油在航空领域已得到广泛的应用。可用作绿色润滑剂的合成酯主要有双酯、多元醇酯、复合酯及混合酯，通常是由醇和脂肪酸直接酯化而成。其优点是无毒、生物降解性好，优良的黏温性和低温流动性，良好的热氧化稳定性和低挥发性以及与添加剂良好的相容性。但由于其含有极性较强的酯基，因此水解安定性较差。另外，合成酯的价格相对较高，限制了其应用。

PAO 合成油除了具有高闪点、高燃点、高黏度指数、热稳定性好、氧化安定性好、低倾点及低挥发性等优点外，同时还具有水解稳定性好的特点。PAO 的生物降解性随运动黏度的增加而降低，低黏度的 PAO（100℃运动黏度为 2～4mm^2/s）容易生物降解，同时对哺乳动物无毒、无刺激作用。此外，各种基础油的调合可弥补相互的某些缺点，如酯类油与其他基础油调合，既可降低产品的成本，又可达到生物降解的要求。

❷ 绿色润滑剂添加剂　绿色润滑剂添加剂应是可降解、无毒或至少不妨碍基础油的生物降解性。研究表明，一般含过渡金属元素的添加剂和某些影响微生物活动和营养成分的清净分散剂会降低润滑剂的生物降解性，而某些含 N 和 P 元素的添加剂因为能够提供有利于微生物生长的养分，可提高润滑剂的生物降解性。添加剂对环境的不利影响要大于基础油的影响，同时对润滑剂的生物降解性也有不利的影响。研究表明，硫化脂肪酸是非常适用于可生物降解润滑油的极压抗磨添加剂，无灰杂环类添加剂是一类很好的多功能润滑油添加剂。酚型抗氧剂及铜腐蚀抑制剂有较好的生物降解性，是较好的环境抗氧剂。

5.2　润滑管理

（1）润滑管理的目的

❶ 给设备以正确润滑，减少和消除设备磨损，延长设备使用寿命。
❷ 保证设备正常运转，防止发生设备事故和降低设备性能。
❸ 减少摩擦阻力，降低动能消耗。
❹ 提高设备的生产效率和产品加工精度，保证企业获得良好的经济效益。
❺ 合理润滑，节约用油，避免浪费。

（2）润滑卡片及润滑图表的编制

❶ 润滑卡片及润滑图表是组织润滑工作的基本文件，由设备管理部门负责编制。

❷ 润滑卡片是润滑工作的档案资料，它包括换油部位、润滑油脂的名称及牌号、消耗定额、换油周期等，由润滑技术人员编制后，润滑操作人员根据润滑卡片的规定，按时加油、换油，并做好记录，每张卡片用完后，交还润滑技术人员存档，换取新卡片。

❸ 润滑图表是润滑部位的指示图，由润滑技术人员根据设备类别、型号

分别绘制润滑图表，图表应标明润滑点及部位、油品、加注周期、操作人员及其负责的部位。

❹ 润滑图表可根据每种型号的设备说明书的规定进行绘制，用铝板制成标牌布置在设备明显处。

(3) 润滑管理的基本工作

❶ 建立润滑管理制度和工作细则，拟定润滑操作人员职责。

❷ 搜集润滑管理资料，建立润滑技术档案，编制润滑卡片，指导操作人员做好润滑工作。

❸ 核定单台设备润滑材料及其消耗定额，及时编制润滑材料计划。

❹ 检查润滑材料的采购质量，做好润滑材料进库、保管、发放的管理工作。

❺ 编制定期换油计划，并做好废油的回收工作。

❻ 检查润滑情况，及时解决存在的问题，更换缺损的润滑元件、装置、加油工具和用具，改进润滑方法。

❼ 采取积极措施，防止和治理漏油现象。

❽ 做好有关人员的技术培训工作，提高润滑技术水平。

❾ 贯彻润滑的"五定"管理，总结推广和学习应用先进的润滑技术和经验，以实现科学管理。

(4) 润滑的"五定"管理

润滑的"五定"管理是系统地、具体地做好润滑工作、加强设备维护保养、提高设备完好率的有效措施。正确地进行润滑，能有效地减少设备的磨损，降低设备备件的消耗，提高设备完好率，延长设备寿命。润滑的"五定"管理如图 5-2-1 所示。

图 5-2-1　润滑的"五定"管理

❶ 定点　根据润滑卡片上指定的润滑部位、润滑点、检查点，实施定点加油、添油、换油，并检查液面高度及供油情况。

❷ 定质　各润滑部位使用的润滑材料的品种和质量必须符合润滑卡片上的要求。采用代用材料和掺配代用材料要有科学依据；润滑装置、器具要清洁，以防污染油料。

❸ 定量　按润滑卡片上规定的油脂数量对各润滑部位进行日常润滑。做

好添油、加油和换油时的数量控制和废油回收工作，做好设备治漏工作。

❹ 定期　按润滑卡片上规定的间隔时间进行添油、加油和换油。按规定时间进行抽样化验，根据实际情况确定清洗换油或循环过滤，确定下次抽样化验日期。

❺ 定人　按润滑卡片上分工规定，明确是由操作人员还是由润滑人员或维修人员负责添油、加油、清洗换油和抽样化验的工作。

(5) 润滑油的"三级过滤"

进厂合格的润滑油在应用到润滑部位前，一般都要经过几次容器的倒换和位置移动，每倒换一次容器或移动一次位置都应进行一次过滤，以杜绝杂质的二次污染。

润滑油的"三级过滤"：合格油品进润滑站固定油罐（桶）的油要进行一级过滤；润滑站固定油罐（桶）中的油进加油工具时要进行二级过滤；加油工具里的油进入设备润滑点时要进行三级过滤。

(6) 环境的保护

制定严格的废油回收定额，不得随意丢弃或烧掉，以减少对环境的污染，同时也节约了能源，而且还充分利用了资源。设备清洗换油时所用清洗剂均为水质清洗剂，清洗油用过后回收，经沉淀过滤后重复使用，不但减少了对环境的污染，而且节约了能源。

5.3　密封件与修补剂

(1) 密封件

在机械设备中起密封作用的零件称为密封件（简称密封），其功能是防止泄漏。

常用的密封件可以根据其材质来划分：橡胶密封件（图 5-3-1）；石墨密封

图 5-3-1　常用橡胶密封件材质

件；尼龙密封件，其特点是耐磨、抗压，具有一定的耐酸性能，但其尺寸稳定性比较差。

（2）修补剂

❶ 铸件修补剂　是双组分、胶泥状、室温固化高分子树脂胶，是以金属及合金为强化填充剂的聚合金属复合型冷焊修补材料。与金属具有较高的结合强度，可基本保持颜色一致，固化后的材料具有较高的强度，无收缩，可进行各类机械加工。具有耐磨、耐油、防水、耐各种化学腐蚀等优异性能，同时可耐 120℃高温。

❷ 铁质修补剂　是双组分、胶泥状、室温固化高分子树脂胶。适用于机械加工后出现的铸造气孔、砂眼、裂纹或加工失误的修复。固化后的材料硬度高、无收缩，可进行各类机械加工。综合性能好，与金属具有较高的结合强度。具有耐磨、耐老化、防水、耐各种化学腐蚀等优异性能，同时可耐 168℃高温。

❸ 钢质修补剂　是双组分、胶泥状、室温固化高分子树脂胶。适用于多种钢件缺陷的修补，综合性能好，结合强度高，可基本保持颜色一致。固化后硬度高、无收缩，可进行各类机械加工。具有耐磨、耐老化、耐油、防水、耐各种化学腐蚀等优异性能，同时可耐 200℃高温。

❹ 铝制修补剂　是双组分、胶泥状、室温固化高分子树脂胶。适用于各种铝及铝合金磨损、腐蚀、破裂及铸造缺陷的修补。以铝为填充剂，颜色与铝铸件基本一致。综合性能好，固化后硬度高、无收缩，可进行各类机械加工。具有耐磨、耐老化、耐油、防水、耐各种化学腐蚀等优异性能，同时可耐 168℃高温。

❺ 铜质修补剂　是双组分、胶泥状、室温固化高分子树脂胶。适用于各种青铜件和黄铜件磨损、腐蚀、破裂及铸造缺陷的修补。以铜为填充剂，修补后颜色与铜铸件基本一致。综合性能好，固化后硬度高、无收缩，可进行各类机械加工。具有耐磨、耐老化、防水、耐各种化学腐蚀等优异性能，同时可耐 175℃高温。

❻ 橡胶修补剂　是双组分、黑色黏稠液体、室温固化无溶剂型聚醚胶黏剂。固化速度快，附着力好，强度高。固化后综合性能好，表面平滑、高强度、高韧性、耐磨损、耐介质腐蚀、耐老化、操作方便。具有卓越的耐酸、耐碱、耐化学腐蚀性能。填充性好，无毒无味，修补后的使用效果好。

❼ 减摩修补剂　是双组分、胶泥状、室温固化的高分子环氧胶。固化后无收缩，结合强度高，以高性能超细减摩润滑材料为骨材，触变性好。修复后的涂层摩擦因数低并具有自润滑性，抗摩擦磨损性优异。用于机床导轨、液压

缸、轴套、活塞杆等表面减摩涂层的制备及零件划伤、磨损的修复。

❽ 紧急修补剂　是双组分、膏状、室温固化的高分子环氧胶。强度高，韧性好，固化速度快，常温 5min 固化，结合强度高；表面处理要求低，可带油、带水施工。用于抢修设备的穿孔腐蚀、泄漏，可对紧急堵漏后的部件进行永久性补强，如抢修管路、密封盖板、暖气片、水箱、齿轮箱等因裂纹、穿孔、腐蚀引起的泄漏。

❾ 湿面修补剂　是双组分、胶泥状、室温固化的高分子环氧胶。固化速度快，结合强度高；表面处理要求低，可带油、带水施工。主要用于潮湿环境或水中对破裂的箱体、管道、法兰、阀门、泵壳、船舶等进行堵漏、修复。

❿ 油面修补剂　是双组分、流淌体、室温固化的高分子胶。固化速度快，结合强度高；表面处理要求低，可带油、带水施工；可在轻微油渍表面进行直接粘接，修复设备的渗漏油部位；可进行金属、陶瓷、塑料、木材的自粘和互粘。适用于修复变压器、油箱、油罐、油管、法兰盘、变压器散热片等的渗油、泄漏，也可用于汽车塑料面板、灯具、电器壳体以及电梯、电机等工业产品的粘接组装。

⓫ 耐腐蚀修补剂　是双组分、半流体、室温固化的高分子环氧胶。耐化学腐蚀性能优良，抗冲击性能好，与金属结合强度高；长期浸泡不脱落，抗冲蚀、汽蚀性能好，固化后无收缩；可修复腐蚀机件，可进行大面积预保护涂层。适用于电力、冶金、石化等行业遭受腐蚀的泵、阀、管道、热交换器端板、储槽、油罐、反应釜的修复及其表面防腐涂层的制备。

⓬ 耐磨修补剂　是双组分、胶泥状、室温固化的高分子环氧胶，是由各类高性能耐磨、耐蚀材料（如陶瓷、碳化硅、金刚砂、钛合金）与改性增韧耐热树脂进行复合得到的高性能耐磨耐蚀聚合陶瓷材料。与各类金属有很高的结合强度；施工工艺性好，固化后无收缩，有很高强度，可进行各类机械加工。耐磨修补剂可精确修复摩擦磨损失效的轴径、轴孔、轴承座等零件，修复后的涂层耐磨性是中碳钢表面淬火的 2～3 倍。

⓭ 高温修补剂　是以无机陶瓷材料和改性固化剂组成的双组分胶黏剂。能够解决一般胶黏剂无法解决的高温设备的密封、填补、涂层、修补和粘接等难题。固化后无收缩，具有优异的耐超高温、阻燃、耐磨、耐老化、耐油、耐酸碱、导热等性能。耐温可达 1730℃，但不耐沸水。适用于高温工况下工作的金属部件的粘接，也可制作耐磨和抗氧化涂层，还可进行高温铸件、破损或断裂的耐酸罐、钢锭模等的填充和修复，以及燃烧器点火装置、钢水测温探头的灌封等。

> **注意**
>
> 皮肤不能长时间浸泡在树脂胶里，工作时要戴口罩和手套。皮肤接触树脂后以肥皂清洗即可，若不小心入眼，马上用大量清水冲洗，严重者及时就医。在大量使用时工作场所应保持通风且防止烟火。若有大量泄漏时，先用沙子填盖后再进行清理。

5.4 滴漏治理

常见的漏水、漏油、漏气现象称为"三漏"。

三漏的危害：一是增加了油料消耗，浪费能源，增加作业成本；二是加速了机件磨损，技术状态恶化，功率下降；三是缩短了机件的使用寿命，加大修理费用；四是容易发生事故；五是影响车容车貌和机器整洁；六是污染环境。

（1）导致"三漏"的原因与预防

❶ 设计不当

a. 设计不当会引起液压缸渗漏。因设计不当引起的渗漏约占液压缸渗漏的60%以上。液压缸导向套支承长度短，密封支承刚度小，采用的尼龙材料的热膨胀系数大，间隙变化大，导向效果差。在径向力的作用下，密封间隙易偏向一边，造成密封失效，产生渗漏。可将导向套结构由整体式支承环改为分段式，并增加一道吸污环。目前新式活塞设两道支承环、两道吸污环、一道格来圈或一道T形圈。这种结构增加了导向长度，增大了活塞与缸筒的间隙，增加了吸污空间，可防止污物损伤密封。

b. 设计不当引起盖类零件渗漏。平面承压过大、平面度要求过低、紧固螺钉偏少或拧紧力矩未作规定等均会引起渗漏。目前，有的设计上要求采用密封胶来防止渗漏，也是一种行之有效的措施。

c. 管件连接设计不当也会引起渗漏。采用卡套加密封的结构，防漏效果比较好。

d. 密封件选择不当引起渗漏。不同密封件适用场合不同，在选择时应考虑以下因素：

i. 环境温度：一般质量的密封件适应温度为 45～85℃，但实际使用时，超过80℃后密封件弹性就降低了，低于 −20℃后则几乎失去弹性。所以在高温和低温场合应用时宜选用质量好的密封件。

ⅱ. 工作速度：选择密封件时要考虑线速度，低速重载时可选用 Y 形圈、T 形圈，高速场合要选用格来圈，或是 Y 形圈与格来圈的组合。

ⅲ. 振动状况：振动较大时，不能采用一般密封圈，应采用可相对运动的组合密封圈，否则密封寿命较短。

ⅳ. 工作介质：不同工作介质对密封件的要求不同，选用要恰当。

❷ 制作不良　由于制作不良引起渗漏的比例较大，所以精良的制作是治漏的重要措施之一。制作时应注意以下几点。

a. 粗糙度应符合要求。对密封运动面的粗糙度应有较高的要求，加工后要抛光处理，否则会严重影响密封件的寿命。对安装密封件的沟槽也应有要求。

b. 密封运动面表面硬度如不够，在高速运动情况下，金属表面会出现磨损甚至拉伤，造成渗漏。

c. 密封沟槽尺寸及形位误差超差均会引起渗漏。由于密封件的预压量是有一定值的，如密封沟槽尺寸和形位误差超差，预压缩量就会减小或增加，从而引起渗漏。

d. 装配倒角和沟槽倒角不当引起渗漏。在密封件安装部位，为了便于安装和安装时不拉伤密封件，均应有倒角和倒圆。这样可防止当高压油液将密封件挤入隙缝内时形成尖角将其切烂的现象。

e. 磕碰拉伤引起渗漏。零件在制作过程中因保护不良造成磕碰拉伤，在工作过程中将会严重损伤密封件。所以关键零部件在制作过程中必须采取保护措施，防止拉伤。

❸ 装配不当　装配是十分重要的工序，即使是制作精良的零部件，如果装配不当，同样会引起渗漏。

a. 在装配密封件时，不允许用一般的工具进行挤压。应使用专用工具或工装，并且要严格按工艺要求进行装配，才能保证密封件不被损坏。

b. 装配前应严格清理零件毛刺，最好设专门工序由专人来负责此项工作。

c. 装配时要严格控制清洁度。加工过程中零部件上产生的污物（如磨料、微屑）如果清洗不净就会拉伤密封件和破坏零件表面，尤其是液压管路的清洗更为重要。同时要净化装配厂地，在整机装配完毕后，还要进行液压油的"体外"过滤，进一步清除液、气路的异物。

❹ 密封件采购不当　为避免渗漏，应采购合格的密封件。

a. 认真选定密封件生产厂家。

b. 压缩规格品种，集中选点采购。

c. 对关键部位，适当采用进口密封件。尽管价格较高，但若考虑到维修损失、质量损失，总的经济效益并不会降低。

(2) 治理"三漏"的方法

以汽车"三漏"维修为例。

❶ 粘补胶治漏法　油箱、水箱、油管、水管的破裂和砂眼、气孔等不合格零件引起渗漏时，可用粘补胶涂抹在清洗干净的破损处。

❷ 加垫治漏法　发动机机油管接头防漏垫圈处漏油时，可在防漏垫圈的两侧加一层双面光滑的薄塑料垫，并用力拧紧。

❸ 漆片液治漏法　发动机油箱、水箱、曲轴箱等接缝处渗漏，可采取漆片在酒精里浸泡后，把漆片液涂抹在清洗干净的接缝处。漆片成本高，一般只在情况紧急时才使用。

❹ 以油治漏法　发动机的油底壳、气缸盖、齿轮室盖、曲轴箱后盖等处纸垫多处渗漏时，不可用漆片液。只要纸垫完好，接合面清洁，在纸垫两面抹上一层黄油即可防漏。如果换用新纸垫，安装前要在柴油中浸泡 10min，然后取出擦净，在接合面上抹一层黄油后再装上。

❺ 厌氧胶治漏法　发动机上的通气螺栓、双头螺栓等处出现渗漏时，用厌氧胶涂抹在清洗干净的螺栓螺纹处或螺孔里，能很快固化形成薄膜，填充空隙，并能承受较大压力，同时还具有防止松动的动能。例如用于柴油机高压油管接头螺纹处，治漏效果很好。

❻ 液态密封胶治漏法　发动机出现固体垫圈缺陷而形成的界面性渗漏和破坏性渗漏时，用液态密封胶涂抹在清洗干净的固体垫圈接合面上，固化后形成均匀、稳定、连续黏附的可剥性薄膜垫圈，可治理渗漏。

❼ 尺寸恢复胶治漏法　发动机上的轴与轴套、轴承与轴承座、阀与阀座、自紧油封、填料等处渗漏时，可用尺寸恢复胶涂抹在清洗干净的配合件磨损部位，固化后形成耐磨的、机械强度较高的薄膜层，再进行车、镗、刮、锉等机械加工，恢复零件的几何形状和配合精度，可解决渗漏问题。

第6章

绿色焊接技术

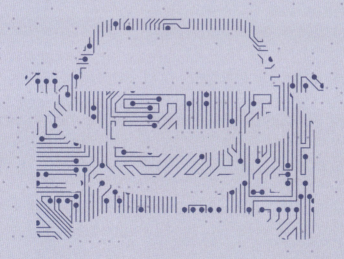

6.1 冷焊

(1) 冷焊简介

采用合理的工艺，选择适当的化学粘合材料（胶黏剂、密封剂、固持剂、修补剂等），将同种材料或异种材料连接在一起，实现连接、密封、固持以及功能涂层，因通常在常温下施工，故称为冷焊（图 6-1-1）。

图 6-1-1 激光冷焊技术

(2) 冷焊的优点

冷焊与一般意义上的粘接不同，冷焊剂的硬度、黏附力和强度特别高，几乎没有收缩率，能可靠地防止许多化学作用、物理应力和机械应力等，又称其为"液体金属"。冷焊可以用来对一切金属以及几乎所有的其他各种原材料进行相互连接和密封。硬化后和金属一样能锉、刨、磨、铣、抛光、车、喷丸等，能用各种刀具进行加工。

对于修复旧设备，减少制造过程中的废次品，冷焊具有重要意义。另外，某些材料的连接用一般的焊接方法时，由于焊接时温度很高，不仅有损材料的强度，而且还容易变形，特别对薄型材料就更成问题，但这些问题对冷焊来说是不存在的，因为冷焊是在常温下进行的，同时接头的应力能比较均匀地分布在全部胶面上，从而改善了金属由于焊、铆、螺栓连接所引起的部分问题，延长了疲劳寿命。

零件在冷焊修复过程中，不产生内应力，无热变形，无裂纹，无退火、软化现象，无断裂的潜在影响，冷焊后的零件结合强度高、致密不脱落、耐磨、耐冲击、抗压性能可靠。

(3) 冷焊的分类

❶ 激光冷焊　利用脉冲模块，和普通激光熔覆工艺的不同之处在于粉末在离工件一定距离处熔化，并高速喷射到工件表面形成极薄的冶金层，对工件表面基本无损伤。

❷ 无应力冷焊　在电极与金属基体间形成空气电离通道，使高合金电极与基体表面产生瞬间微区高温、高压的物理化学冶金过程，同时在微电场作用下，微区内离子态的电极材料熔渗、扩散到基体上，形成冶金结合。

❸ 微弧冷焊　即电火花沉积堆焊技术，根据电路正、负极短路打火的原理，将旋转电极和母材碰撞接触，产生电火花，合金电极烧蚀沉积，如此不断堆积成一定厚度的沉积层。

❹ 脉冲冷焊　瞬时（毫秒级）释放上千安大电流，无热变形地将各种焊材熔在基体上，形成冶金结合，结合强度高，焊层致密，用于模具或精密机械产品微量加工缺陷、碰撞损坏、积累磨损、崩角、划伤、铸造缺陷等对结合力要求较高或难焊工件的修复。

（4）冷焊设备

冷焊机可分为堆焊型冷焊机、贴薄片修复型冷焊机、焊接铜铝线冷焊机。堆焊型冷焊机、贴薄片修复型冷焊机用于修复金属、铸件表面的磨损、划伤、气孔、砂眼等细小缺陷；焊接铜铝线冷焊机用于焊接铜线、铝线等有色金属线材，如电机漆包线的焊接等。

6.2　激光 - 电弧复合焊

（1）激光 - 电弧复合焊简介

激光 - 电弧复合焊（HLAW）是将两种物理性质和能量传输机制截然不同的高温热源复合在一起，共同作用在材料表面，从而实现对材料加热并完成焊接的过程（图 6-2-1）。

激光 - 电弧复合焊利用激光和电弧作为双重热源，同时作用在同一熔池，激光引导并稳定电弧，电弧提高金属对激光吸收率，增强熔滴过渡桥接能力，充分发挥了激光焊和电弧焊的优势，又弥补了各自的不足。

图 6-2-2 所示为 20kW 激光 - 电弧复合焊机。

（2）激光 - 电弧复合焊的优点

在中、大厚度材料的焊接方面，复合焊接技术具有更大的优势。因为传统的焊接方法会存在诸如接头强度低、效率低、变形严重、焊材消耗量大等缺点；而采用单激光焊接也存在一些不足，诸如接头装配工艺要求高、焊接能力受激光功率的制约大、桥接能力差、焊缝咬边严重等。

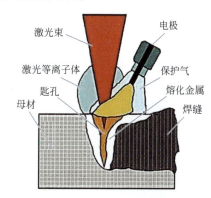

图 6-2-1　激光 - 电弧复合焊

激光-电弧复合焊的优点如下。

❶ 降低焊接成本。熔融金属表面的反射率要比固态金属表面的反射率低。当激光辐射到母材的液态熔池时,母材能够吸收更多的激光能量,增加熔池深度。这就意味着降低了激光器的功率等级,从而降低了焊接成本。

❷ 改善焊缝外观。激光与电弧复合焊形成的较大熔池,可以改善熔化金属与固态母材的润湿性,消除焊缝咬边现象。

❸ 减少焊接缺陷和改善微观组织。复合热源焊接时能有效地减缓熔池金属的凝固速度,使相变能够充分地进行,有利于焊接熔池中气体的逸出,提高焊缝质量,减少气孔、裂纹、咬边等缺陷。

❹ 焊接过程更稳定。激光-电弧复合焊由于激光和电弧之间的作用使焊接过程变得非常稳定,甚至可以实现无飞溅焊接。

❺ 焊接效率大大提高。激光与电弧复合能够提高焊接速度,而且与常规弧焊相比,输入量较小,因此热影响小,这就意味着焊后变形量较小,相应地焊后表面处理工作减少,效率提高。

图 6-2-2　20kW 激光-电弧复合焊机

(3)激光-电弧复合焊的常用形式

❶ 激光-TIG 复合焊　通过将激光束和钨极氩弧焊电弧组合后作为复合热源进行焊接,可采用同轴复合方式(图 6-2-3),也可采用旁轴复合方式。

❷ 激光-等离子弧复合焊　图 6-2-4 所示为等离子弧单热源焊接、激光单热源焊接与激光-等离子弧复合热源焊接时等离子弧/金属蒸气云的特征,分

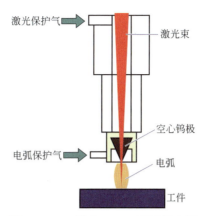

图 6-2-3　激光 -TIG 同轴复合焊

析表明：复合焊接时等离子弧直径变细，穿透能力提高，激光焊接时的金属蒸气喷发受到抑制，焊接过程更加稳定。

（a）等离子弧焊　　（b）激光焊　　（c）复合焊

图 6-2-4　等离子弧 / 金属蒸气云特征

与传统电弧焊相比，激光 - 等离子弧复合焊加热区更窄，对外界敏感性更小，引燃性好；密度更大，弧长更长；可同轴复合，也可旁轴复合；适合薄板对接高速焊、镀锌板焊接、铝合金焊接。

> **注意**
>
> 激光 - 电弧旁轴复合焊焊枪姿态对焊接效果影响较大，焊接参数调整相对容易，有焊接方向性限制；激光 - 电弧同轴复合焊电弧对激光能量的吸收较少，无方向性限制，但空芯钨极烧损严重、焊接参数不易调节。

❸ **激光 - 双电弧复合焊接**　焊接速度比激光 -MIG 复合热源焊接提高 33%。单位长度的能量输入比激光 -MIG 复合热源焊接减少 25%，且焊接过程非

常稳定，焊接能力远远超过激光-MIG复合热源焊接。

（4）激光-电弧复合焊的应用

制造业对自动化、智能化生产模式的需求日益增长，激光加工应用也从一开始的食品、纺织、电子等轻工业领域，拓展至汽车、船舶、航天航空、轨道交通、高铁、钢结构等重工业领域。

德国率先将激光-电弧复合焊用于汽车的车门、侧围等部件的连接，在大众辉腾轿车的前门上共有66条焊缝，焊缝总长度达4.98m，其中有48条激光-电弧复合焊缝，奥迪A8轿车的车体框架总复合焊缝长度达到了4.5m。

新能源汽车正在蓬勃发展，其动力核心是动力电池，为了降低整体车重，动力电池的托盘一般都选择使用铝合金制造，托盘是拼装焊接，每个托盘的焊缝多达数十条，而且焊缝强度要求高，焊接效率要求高，传统电弧焊及常规的激光焊很难满足要求，而激光-电弧复合焊是非常符合需求的连接方法。

第 7 章

绿色热喷涂技术

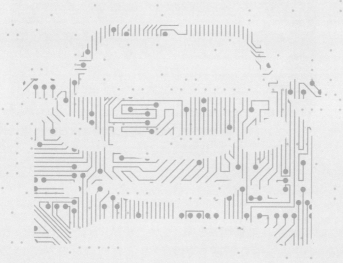

7.1 高速电弧喷涂

(1)高速电弧喷涂简介

由于普通电弧喷涂粒子喷射速度的限制及其氧化程度比较严重，使涂层质量和应用受到一定影响。高速电弧喷涂是在普通电弧喷涂基础上发展起来的一种重要技术，通过对喷枪进行改进，提高喷涂粒子的雾化程度和飞行速度来增大涂层与基体的结合强度，并降低涂层的孔隙率，可赋予工件表面优异的耐磨、防腐、防滑、耐高温等性能（图7-1-1）。

图 7-1-1 高速电弧喷涂

(2)高速电弧喷涂系统组成

高速电弧喷涂系统组成如图7-1-2所示。

❶ 空气供给系统　包括空气压缩机、冷却器、油水分离器、储气罐等。该系统为喷砂预处理、电弧喷涂提供压力 ≥ 0.7MPa，空气流量 ≥ 6m³/min。

❷ 预处理设备　预处理使用的喷砂设备有两种：开放式喷砂机和回收式喷砂机。

❸ 高速电弧喷涂设备　高速电弧喷涂设备由以下部分组成。

a. 电源　稳定地提供 24 ~ 40V 电压，不小于 300A 的直流电。

b. 喷枪　是电弧喷涂系统的关键设备。从喷嘴射出的压缩空气或燃烧气体对着熔化的金属，将其吹散形成稳定的雾化粒子流，从而形成涂层。

c. 送丝机构　通常分为拉丝式、推丝式和推拉结合式。

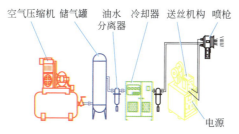

图 7-1-2　高速电弧喷涂系统组成

(3) 高速电弧喷涂原理

高速电弧喷涂以电弧为热源,将熔化了的金属丝用高速气流雾化,并以高速喷到工件表面形成涂层。喷涂时,两根金属丝(喷涂材料)通过送丝机构通过分别接至电源的正、负极,并保证两根金属丝之间在未接触之前的可靠绝缘。当两根金属丝端部由于送进而互相接触时,短路并产生电弧,使丝材端部瞬间熔化,并由压缩空气把熔化金属雾化成微熔滴,以很高的速度喷射到工件表面,形成涂层。

高速电弧喷涂是根据气体动力学原理,在传统电弧喷涂的基础上,将高压空气或高温燃气通过特殊设计的喷嘴加速后,作为电弧喷涂的高速雾化和加速熔融金属的动力来源,将雾化粒子高速喷射到工件表面形成致密涂层(图7-1-3)。

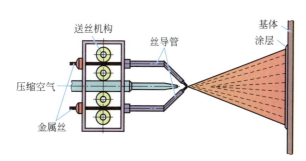

图 7-1-3　高速电弧喷涂原理

(4) 高速电弧喷涂工艺流程

高速电弧喷涂工艺流程与普通电弧喷涂相似,也由工件表面预处理、电弧喷涂、喷后处理和机械加工等工序组成。

❶ 工件表面预处理　此工序直接影响涂层的结合强度,不洁净的表面甚至会导致涂层的剥落。如果涂层表面有水分、油脂和灰尘时,微粒与表面之间就会存在一层隔膜,不能很好地相互嵌合。如果工件表面光滑,微粒就会滑掉或虚浮地沉积,且随着喷涂层逐渐增厚,会由于内应力增大而脱落。只有洁

净、干燥、粗糙的表面,才能使微粒在塑性尚未消失时与表面牢固地嵌合,形成良好的附着条件。表面预处理内容如图 7-1-4 所示。

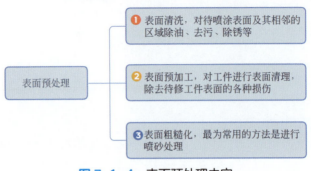

图 7-1-4 表面预处理内容

❷ 电弧喷涂 工艺参数的选择很重要,对雾化粒子的温度和雾化效果有较大的影响,将直接影响涂层的组织结构、工艺性能、力学性能和耐腐蚀性能。

喷涂电压一定时,喷涂电流越大,熔化金属颗粒的温度越高,雾化粒子越细小,金属丝材熔化速度越快,颗粒表面氧化越严重,涂层氧化物含量增加,降低了涂层颗粒间结合力。工艺实践表明,喷涂电流一般以不超过 200A 为宜。喷涂电流一定时,电弧电压越高,输入的电功率越大,金属丝材熔化越快,熔融粒子温度升高,粒子氧化严重,继续增加电压,由于送丝速度不变(由喷涂电流决定),容易造成电弧熄灭,不能进行正常喷涂,所以喷涂电压一般不高于 36V。

❸ 喷后处理 一般对喷涂后的涂层进行封孔处理。封孔后的涂层表面颜色应均匀,无漏喷、浸润不良及大面积流淌等现象。封孔处理后的涂层表面不再进行涂漆处理,待封孔剂完全固化后即可使用。

(5)影响高速电弧喷涂涂层质量的因素

一般来讲,影响高速电弧喷涂涂层质量的因素有工件表面预处理质量、高速电弧喷涂工艺规范、压缩空气压力与质量、雾化气流速度与流量及喷枪结构等。

❶ 影响涂层表面粗糙度的因素 雾化气流速度与流量决定了粒子飞行速度,粒子飞行速度越高,熔融粒子撞击工件表面的动能越大,粒子的扁平程度越大,表面粗糙度越小。熔融粒子的温度越高,粒子的高温塑性变形能力越强,涂层的表面粗糙度越小。由于高速电弧喷涂雾化粒子的粒度比普通电弧喷涂雾化粒子的粒度小,并且飞行速度高,因此高速电弧喷涂涂层的表面粗糙度比普通电弧喷涂层的要低,这对某些不需对涂层进行机械加工,而又要求表面粗糙度低的场合特别有利(图 7-1-5)。

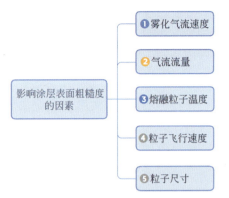

图 7-1-5　影响涂层表面粗糙度的因素

❷ 影响涂层致密度的因素　高速电弧喷涂由于雾化效果增强，涂层粒子飞行速度高，动能大，粒子细小，因而涂层高度致密，涂层致密度可以和等离子喷涂涂层相媲美（图 7-1-6）。

图 7-1-6　影响涂层致密度的因素

❸ 影响涂层结合强度的因素　电弧喷涂涂层的结合强度有两层含义：一是指涂层的内聚结合强度，即金属颗粒之间的结合强度；二是涂层与基体之间的界面结合强度，包括界面拉伸结合强度和界面剪切结合强度。涂层的内聚结合强度直接反映涂层的力学性能，涂层的界面结合强度对涂层的使用性能有决定性影响。涂层界面结合强度低是涂层剥落的主要原因之一。影响涂层界面结合强度主要因素如下。

a. 压缩空气的压力和质量。压缩空气压力越高，高速射流区间越大，涂层结合强度越高。一般压缩空气压力不低于 0.5MPa。压缩空气的质量越好，空气中所含油分、水分、杂质越少，涂层结合强度越高。

b. 雾化气流流量。雾化气流流量增加，雾化和加速效果明显，确定枪口气流量的大小，要与空气压缩机流量相匹配。

c. 被喷涂工件的表面粗糙度。工件表面粗糙度越高，涂层与基体接触面积越大，涂层与基体之间的机械嵌合作用越大，涂层的界面结合强度越高。

d. 喷涂距离。喷涂距离对电弧喷涂涂层的界面结合强度有较大的影响。普通电弧喷涂的喷涂距离为 150～200mm，高速电弧喷涂的喷涂距离为 150～300mm，熔融金属颗粒具有更高的动能，在此区间喷涂可以获得高的涂层结合界面强度。

e. 喷枪的喷涂效率。喷枪的喷涂效率越高，相应的喷涂电流越大，熔融粒子的温度越高，有利于涂层界面结合强度的提高。

f. 电弧电压。电弧电压应选择中间值，高电压对结合强度有不良影响，以稍低的电压进行喷涂，有利于提高喷涂的沉积效率、改善雾化效果、提高涂层的硬度和耐磨性。

❹影响涂层硬度的因素　在电弧喷涂过程中，涂层硬度的提高是由于熔融粒子撞击基体后的快速冷却引起组织结构的变化和涂层氧化物的存在，以及塑性变形引起的加工硬化。影响涂层硬度的主要因素如下。

a. 喷涂丝材的化学成分。对碳钢和合金钢而言，丝材的碳含量越高，涂层的硬度越高。铁素体不锈钢和奥氏体不锈钢的硬度主要取决于冷作硬化程度和氧化物含量的多少。

b. 喷涂距离。喷涂距离越大，熔融粒子的碳元素和合金元素烧损越多，而且熔融粒子的温度越低，塑性变形能力越小，涂层硬度降低。

c. 压缩空气压力和雾化气流流量。压力和流量越大，对熔化金属的雾化和加速作用越大，高温熔融颗粒在空气中停留的时间越短，粒子动能增大，涂层硬度增加。

d. 送丝速度。随送丝速度加快，相应喷涂电流增加，喷涂效率提高，颗粒温度升高，撞击工件基体表面后冷却时间延长，冷作硬化程度下降，涂层硬度降低。

e. 电弧电压。电弧稳定燃烧时，喷涂电压越低，涂层硬度越高。

（6）高速电弧喷涂技术的应用

高速电弧喷涂技术在腐蚀防护以及设备零件的维修、抢修等领域得到了广泛的应用（图 7-1-7）。

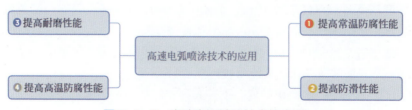

图 7-1-7　高速电弧喷涂技术的应用

7.2 高效能超音速等离子喷涂

（1）高效能超音速等离子喷涂简介

高效能超音速等离子喷涂（图7-2-1）是利用非转移型等离子弧与高速气流混合时出现的"扩展弧"，得到稳定聚集的超音速等离子焰流进行喷涂的方法。与普通等离子喷涂、爆炸喷涂、高速火焰喷涂等其他喷涂技术相比，超音速等离子喷涂兼有焰流温度高和粒子飞行速度快的优点，等离子弧中心温度可达32000K，粒子速度可达 400～800m/s。超音速等离子喷涂特别适合喷涂各种高熔点陶瓷、难熔金属和金属陶瓷等喷涂材料，获得的涂层致密性、强韧性和结合强度都有显著的提高（图7-2-1）。

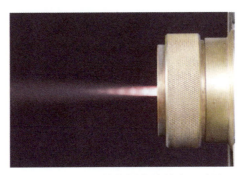

图 7-2-1　高效能超音速等离子喷涂

（2）高效能超音速等离子喷涂特点

超音速等离子喷涂几乎可以喷涂任何粉末材料，且能够制备出高质量的涂层，特别是高质量的陶瓷涂层，其特点如图7-2-2所示。

图 7-2-2　高效能超音速等离子喷涂的特点

（3）高效能超音速等离子喷涂系统组成

高效能超音速等离子喷涂系统主要由电源、喷枪、控制装置、送粉装置、配气装置、冷却装置、进给装置等组成,并带有计算机接口线路(图7-2-3)。

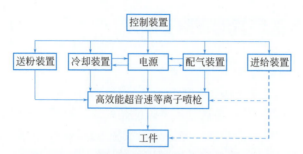

图 7-2-3　高效能超音速等离子喷涂系统组成

（4）高效能超音速等离子喷涂系统优势

❶ 突破传统的依靠大功率、大气体流量来获得超音速射流的思想,科学应用单阳极拉伐尔喷管技术,采用独具特色的低功率、小气体流量的结构设计,在较低的能耗下得到了高能量密度、高稳定性的超音速等离子射流。

❷ 采用以机械压缩为主、气动力压缩为辅的射流加速方案,降低了气体流量。应用拉伐尔喷管技术,依靠对电弧初始段的强烈压缩效应迫使阳极斑点前移来拉长电弧,从而实现对电弧区段的加速。突破了传统的双阳极结构逐级拉长电弧、仅对焰流区加速的方法。攻克了拉伐尔喷嘴型面直接作阳极而易烧喷嘴的难题,提高了喷嘴的工作稳定性和使用寿命。

❸ 采用内送粉结构,可直接将喷涂粉末送到等离子焰流的高温区。相对目前国内外通用的外送粉方式下存在的粉末加热不均、沉积效率低等问题,有效提高了等离子弧热能利用率,改善了粉末的熔化状况,提高了涂层沉积率,并较好地解决了普通内送粉喷枪易堵嘴、粘嘴的技术难题。

❹ 喷枪工作电压适用范围宽(60～220V),可使用不同种类的工作气体(Ar、N_2、$Ar+H_2$ 及 N_2+H_2)。通过对电参数和气体流量的合理匹配,可实现等离子射流热焓和速度的大范围调节,满足喷涂不同性能材料的需要。可制备高熔点的氧化物陶瓷涂层、金属陶瓷涂层、常用的自熔合金涂层以及易于高温失碳的碳化物涂层等,具有很宽的材料适用范围和工艺适用范围。

❺ 可多次修复使用的阴极头设计和阴、阳极间隙调节功能,是现有超音速等离子喷枪和普通等离子喷枪所不具备的功能与特点。

❻ 枪体结构合理,具有体积小、重量轻、可维修性和可操作性强等特点,能够方便地实现手持和机装作业两种功能。

（5）高效能超音速等离子喷涂原理

高效能超音速等离子喷涂原理如图7-2-4所示。

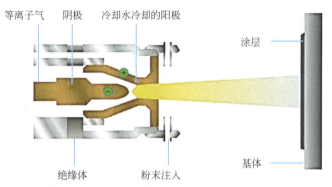

图 7-2-4　高效能超音速等离子喷涂原理

7.3　无尘干磨

（1）传统手工水磨存在的问题

❶ 双组分的修补漆产品很硬，很难打磨，手工打磨劳动强度大，费工费时。

❷ 双组分的修补漆产品，尤其是原子灰，有一定的吸水性，水磨后新喷的漆面上容易起水疹、水泡，并影响漆面的附着力。

❸ 车身壳体的金属部分与水接触后容易生锈。

❹ 车间内的污水既污染环境，又不利于安全生产，还会影响企业形象。

❺ 操作人员长时间与污水接触，不利于身体健康（图 7-3-1）。

图 7-3-1　传统手工水磨

（2）无尘干磨的优势

❶ 缩短打磨工序时间，减轻操作人员的劳动强度。手工水磨每小时可以

打磨约 4m²，机械干磨每小时可以打磨约 10m²。在同等条件下，采用机械干磨可以提高工作效率。

❷ 干磨避免了车身由于水磨而会生锈以及原子灰、中涂底漆多次的干燥过程，既简化了修补程序，又更易保证修补质量。

❸ 通过干磨与吸尘，可以延长砂纸使用寿命，降低砂纸消耗，加之修补时间的缩短，可以显著降低修补的成本。

❹ 通过带吸尘的干磨，可以避免产生污水与灰尘，保护环境节约用水，保证了操作人员的健康（图 7-3-2）。

图 7-3-2　无尘干磨

（3）无尘干磨系统组成

❶ 打磨工具　按驱动方式，打磨工具可分为气动与电动两种。气动工具因其寿命长、使用轻便、维修简单、安全性好而被广泛地采用。

根据打磨工具的运动方式又分为旋转式打磨机、轨道式偏心振动打磨机。旋转式打磨机主要用于除锈、去漆等粗磨工作。轨道式偏心振动打磨机用于粗、中、细磨原子灰与细磨中涂底漆（图 7-3-3）。

图 7-3-3　打磨机

❷ 吸尘系统　电动工具的连接比较简单，除了电源线之外，只需要一根吸尘管；而气动工具一般需要三根管——压缩气的输入管、输出管以及吸尘管。这里需要特别指出的是压缩废气中有微量的润滑油，需经过滤才可以排出，否则容易在漆面上留下污点（图7-3-4）。

图7-3-4　吸尘打磨设备

❸ 供气、回气与吸尘管　干磨系统吸尘效果的好坏、作业粉尘的多少首先取决于吸尘系统的优劣（图7-3-5）。

图7-3-5　常见的吸尘方式

简易袋式吸尘属于被动式吸尘，其吸尘功率受打磨机转速的影响。吸尘袋过密会降低吸尘效果，而过疏又容易漏灰，且吸尘袋容量也有限。

中央式与分离式吸尘同属于主动式吸尘。采用专用的工业集尘器来吸尘，吸尘功率不受打磨机的影响。吸尘系统一般设有自动开关功能，使用寿命长，容量大。

中央式吸尘一般适用于多个固定工位的大型生产企业。分离式单工位吸尘因其投资小、安装维修简单、工位调整灵活等优点而被越来越广泛的使用。

(4) 无尘干磨的应用

无尘干磨的应用见表7-3-1。

表 7-3-1　无尘干磨的应用

应用范围	应用示例
车厢、车架的改装，喷涂准备	打磨车厢壳体，去除旧漆，清理焊缝，去毛刺，除锈，预磨车身镀锌表面打磨车身的塑料部位，打磨轻金属的表面，打磨边、角部位
打磨原子灰，粗磨、精磨平面、曲面	大面积打磨，预磨、终磨原子灰
抛光、保养与美容	清除车身积污，去除漆面上的轻细划痕，消除漆面的漆痕，打蜡、抛光，漆面保养、汽车的美容

7.4 水性漆

（1）水性漆的特点

水性漆不仅能够有效地提高维修的工作效率，而且具有超强的遮盖能力，能够减少喷涂层数和用漆量，达到了减少喷涂时间和喷涂成本的目的。而且水性漆不含苯，对人体无害，并且具有耐水、耐磨、耐老化的特点。

（2）水性漆和油性漆的区别

❶ 环保性　水性漆以水为稀释剂，超低的 VOC（挥发性有机化合物）含量（低于国家 200mg/L 的强制性标准），是真正无毒无味的高科技环保产品；油性漆以有机溶剂为稀释剂，其产品中含有苯、甲苯、二甲苯及其衍生物，有毒。

❷ 可燃性　水性漆具有不可燃的特点，大大减少了生产、流通环节的危险因素；油性漆中含有易燃物质，不安全。

❸ 硬度、耐磨、耐黄变、耐久　普通的聚氨酯漆由于采用了有机固化剂，所以漆膜硬度高；高端水性漆采用了先进的成膜技术，使漆膜表面坚硬、耐磨、柔韧，不会因碰撞而变白，不易黄变，具有超长的室外耐久性能。

❹ 清洗成本　使用油性漆的喷枪必须使用有机溶剂进行清洗，且用过的清洗剂无法再循环利用；使用水性漆的喷枪只需用水即可完成清洗过程，并且 90% 的清洗用水还可以循环再利用，不但节省了清洗剂的购买成本，还有效减少了 VOC 排放。

（3）水性漆喷涂技术特点

水性漆中水的蒸发主要是通过调节喷漆室的温度和湿度来进行控制的，而油性漆通过调整稀释剂的挥发速率来调整涂着固体分。水性色漆的涂着固体分通常为 20%～30%，而油性色漆的涂着固体分高达 60%～70%，所以水性色漆的平滑性较好，但同时需加热闪干，否则容易出现流挂、气泡等质量问题，因此涂料流变性的控制是水性漆的设计关键。

❶ 喷涂设备技术要求

a. 喷漆室和烘干室　由于水的腐蚀性比溶剂大，因此喷漆室的循环水处理系统需采用不锈钢制成。喷涂室的空气流动状况要良好，风速控制在 0.2～0.6m/s 之间，或者空气流动量达到 28000m³/h（正常烤漆房均能满足此条件）。烘干室中由于空气中的水分含量较高，会对设备造成腐蚀，所以烘干室内壁需采用防腐材料制造（图 7-4-1）。

图 7-4-1　喷漆室和烘干室

水性漆的喷漆室最佳温度为 20～26℃，最佳相对湿度为 60%～75%。允许温度为 20～32℃，允许相对湿度为 50%～80%。因此喷漆室内必须有适当的调温调湿装置。

汽车涂装喷漆室冬天都可以调温调湿，夏天却很少有调温调湿的，因为需要的制冷量太大，所以很少有送冷风的。因此在高温高湿地区，如果使用水性漆，必须安装喷漆室中央空调，夏季也需要送冷风，这样才能保证水性漆的施工质量（图 7-4-2）。

图 7-4-2　自动喷涂系统

b. 其他设备

i. 水性漆喷枪（图 7-4-3）　水性漆喷涂时都会选择带有高流量低压力技术（HVLP）的喷枪，其出风量通常为 430L/min，能够提高水性漆的干燥速度。HVLP 喷枪虽然气流量大，但是雾化度低，在干燥的气候下使用，反而会因干燥速度过快而使水性漆的流平性不佳，这时只有使用雾化度较高的中压中流量喷枪才会有比较好的整体效果。

ii. 水性漆吹风枪（图 7-4-4）　水性漆的平均闪干时间为 5～8min，小于油性漆。要做到这点，吹风枪是必不可少的。吹风枪是水性漆喷涂完毕后，对其进行人工干燥的工具。目前市场上主流的水性漆吹风枪大多通过文丘里效应达到增加空气流量的效果。

图 7-4-3　水性漆喷枪

图 7-4-4　吹风枪

iii. 压缩空气过滤设备　未经过滤的压缩空气中含有油、水、尘埃及其他污染物，它们对水性漆喷涂作业危害非常大，会造成多种漆膜质量缺陷，还有可能造成压缩空气的压力及气量的波动。由于压缩空气质量问题而导致的返工，不但会增加人工和材料成本，而且还会阻碍其他工作的顺利进行。为了获得高质量的压缩空气，就必须使用高精度的过滤设备。

❷ 水性漆的闪干　水性色漆涂层的溶剂含量（主要为水）应降低到 10% 以下，喷涂的罩光清漆才不至于将色漆层再溶解而产生水泡，影响外观质量。如果在通常的温度条件下闪干，水性色漆的溶剂含量不可能达到 10% 以下。因此在水性色漆上喷涂罩光清漆之前必须进行适当的强制干燥。常见的强制干燥设

备是吹风枪，在使用吹风枪时，吹出的气流方向应与烤漆房内气流方向相同。吹风枪不能与漆面垂直，否则将会造成漆面缺陷。待色漆层充分干燥后才可以进行清漆喷涂。

❸ 水性漆施工注意事项

a. 喷涂之前先用油性除油剂除油，然后用水性除油剂再次擦涂。

b. 过滤水性漆要用专用漏斗。

c. 第一遍一定不要喷涂过厚，否则边缝处容易滴流。

d. 有水性漆专用除尘布，普通的除尘布也可使用，不过要轻擦，否则很容易出现划痕。

第 8 章

绿色维修回收技术

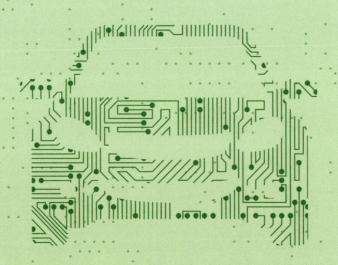

8.1 废油废水收集净化升级循环使用

（1）汽车废油废液

❶ 汽车废油　包含废机油、废齿轮油等。废油指油液在使用过程中混入了水分、灰尘、其他杂油和机件磨损产生的金属粉末等杂质，使油液逐渐变质，生成了有机酸、胶质和沥青状物质。抽取出来的废油可以回收利用，加工成再生油，避免环境污染。

❷ 汽车防冻液　是一种含有特殊添加剂的冷却液，主要用于水冷式发动机冷却系统，防冻液具有冬天防冻，夏天防沸，全年防水垢、防腐蚀等优良性能。其中的乙二醇毒性很大。正确的处理方法是将汽车防冻液加以收集，然后交由专业单位回收处理。

❸ 汽车废水　主要分为含油废水（含有润滑油、剩余燃料油、乳化油以及清洗零部件的除漆剂和清洗剂等）和含铅废水（含有蓄电池的废电解液）。

（2）废油分类与存放

废油分类如图 8-1-1 所示。存放废油应注意以下事项。

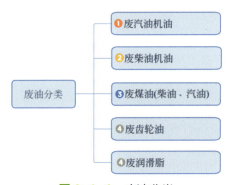

图 8-1-1　废油分类

❶ 收存废油的容器要清洁，容器应有闭合严密的盖子和垫圈，以防止油品进一步氧化或蒸发，防止受外界的污染。

❷ 不同种类的废油应分别存放，不要混杂。

❸ 废油容器上要标明废油名称，以便识别，并注意将废油桶与新油桶分开存放，以免混淆（图 8-1-2）。

❹ 废油在存放过程中，应尽可能不移动，以便水分和杂物沉淀。

❺ 废油存放时，不要让棉纱混杂其中或将动、植物油掺兑在油中。存废油处要严禁烟火，并防止暴晒和寒冻，以免发生火灾或使废油进一步劣化。有的废油不必再生便可利用。

图 8-1-2　废油存放

（3）废油的再生处理

❶ 再生方法的分类

a. 物理净化法　主要包括沉降、过滤、离心分离和水洗等，可根据油质的劣化程度、设备条件等，选择其中一种或几种操作进行废油的再生。

b. 物理-化学净化法　主要包括凝聚、吸附等。

c. 化学再生法　主要包括硫酸处理、硫酸-白土处理和硫酸-碱-白土处理等。

❷ 再生方法的选择

a. 油的氧化不太严重，酸值不高、沉淀物极少时，可采用物理净化法，如过滤、吸附等。

b. 油的氧化较严重、含杂质较多、酸值较高时，可采用处理-化学净化法。

c. 油的酸值很高、颜色较深、沉淀物多、劣化严重时，应采用化学再生法。

❸ 废油的物理再生处理

a. 沉降法　这是从油中除去水分和机械杂质的常用方法，利用水分和机械杂质与油的密度差进行分离。混杂物的密度通常都比油品大，当油品长时间处于静止状态时，通过重力作用，可使大部分密度大的混杂物从油中自然沉降而分离。

b. 离心分离法　当油内含有过多的水分，特别是含有乳化水分时，需采用离心分离法。离心分离是基于油、水及固体杂质三者密度不同，在离心力的作用下，其运动速度和运动距离也各不相同的原理。

c. 过滤法　利用油泵压力将油通过具有吸附及过滤作用的滤纸（或其他滤料），除去油中混杂物，达到净化油的目的。

过滤法利用过滤介质两边的压力差，使油通过过滤介质，而将固体杂质阻留下来。过滤介质毛细管半径对过滤速度影响极大,应根据废油所含杂质颗粒的粒径,选择过滤材料,一般应选择孔隙小于杂质颗粒的过滤材料。

过滤速度很慢时,可以考虑加助滤剂,如白土、珍珠岩等,助滤剂的作用在于其与油混合后,可以使被压缩的沉淀层获得必要的疏松性。

提高过滤温度,降低油的黏度,可以加快过滤速度,一般过滤温度为常温至100℃,即使黏度很大的油,也不宜超过140℃。

d. 真空过滤法 借助于真空滤油机,油在高真空和不太高的温度下雾化,脱除油中微量水分和气体;因为真空滤油机也带有滤网,所以也能除去杂质污染物,如果与压力式滤油机串联使用,除杂效果更好。

油中水分的汽化和气体的脱除效果取决于真空度和油的温度,真空度越高,水的汽化温度越低,脱水效果越好。

e. 蒸馏法 蒸馏是利用各种油品的馏程不同,将废油中的汽油、煤油、柴油等轻质燃料油蒸出来,以保证再生油具有合格的闪点和黏度,可分为水蒸气蒸馏(减压蒸馏)、常压蒸馏。

f. 水洗 可去除油中水溶性氧化物、低分子酸类、炭粒子、酸碱中和后的盐类、水溶性酸碱。

水洗的操作条件:温度60～70℃;水量为废油的10%～20%;搅拌时间10～15min。

油中水分大于0.05%,应停止水洗,进一步处理,可采用其他方法。

❹ 废油的物理-化学再生处理

a. 凝聚再生法 凝聚(絮凝)即向废油中加入少量的表面活性物质或电解质,使分散的杂质颗粒凝聚成为较大颗粒,更易在沉降时分离除去。凝聚对象主要是微小悬浮物和胶体杂质。杂质离子带同种电荷,受相斥的电性力和相吸的万有引力。凝聚原理是中和粒子的电荷。

在废油的预处理过程中,可与机械分离合用(凝聚-沉降、凝聚-离心、凝聚-离心-过滤)。

b. 吸附剂再生法

i. 吸附剂法原理 吸附剂法是典型的物理-化学净化法。它利用吸附剂有较大的活性表面积,对废油中的酸性组分、树脂、沥青质、不饱和烃和水分等有较强的吸附能力的特点,使吸附剂与废油充分接触,从而除去上述有害物质,达到净化再生的目的。

ii. 吸附剂法分类

• 接触法 在搅拌下,废油与吸附剂混合,使其充分接触进行再生。接触法的再生效果与温度、接触搅拌时间以及吸附剂性能、用量等因素有关,应根据油质劣化程度并通过小型试验确定再生时的最佳工艺条件。

该法只适合再生从设备上换下来的油。在油质劣化不太严重，油色不深，酸值不高时，可采用此种方法进行再生。

吸附剂为粉末状或微球状，设备为接触再生搅拌罐（图8-1-3）。

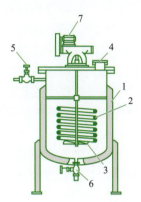

图 8-1-3　接触再生搅拌罐

1—蒸汽夹套；2—蒸汽盘管；3—搅拌桨；4—吸附剂进料口；
5—进口油；6—油与吸附剂排出阀；7—电机

• 渗滤法　将吸附剂装在柱形渗滤器内，强迫油连续地通过渗滤器而获得再生效果。此法既适合再生设备上换下来的油，也适合再生运行中的油。对于运行中的油，可以在设备不停电的情况下，带电过滤吸附处理，这对轻度劣化油效果很明显。

吸附剂为颗粒状，设备为渗滤器（图8-1-4）。渗滤器中吸附剂必须充填均匀，渗滤器高度与直径之比宜在4以上，以防油短路。

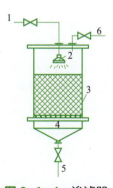

图 8-1-4　渗滤器

1—原料油入口；2—喷头；3—吸附剂床层；4—孔板及金属网；5—再生油；6—气体阀

ⅲ. 吸附剂的再生

• 硅胶吸附有机酸饱和后可用如下方法再生。

直接火燃烧法：把废硅胶装在底部有铁丝网的桶内，使硅胶吸附的油燃烧，将废油和有机酸烧尽即得再生硅胶。

蒸汽冲洗及水煮沸法：将废硅胶装在容器内并注入一定量的水，然后通入蒸汽加热煮沸，废硅胶吸附的有机酸随废油析出并分离，再将硅胶焙烧脱水即得再生硅胶。此法的缺点是容易造成硅胶破裂。

还可以用其他加热设备加热焙烧。

• 硅胶吸附水分饱和后，可用电热炉、烘箱、烟道气、热风等进行加热脱水。

一般硅胶干燥再生的最高温度极限如下：粗孔硅胶$<600℃$；细孔硅胶$<250℃$；变色硅胶$<120℃$。

ⅳ. 吸附剂废渣的处理　废白土渣中含油量较大，有的高达30%。可采用如下方法处理。

• 直接用作燃料。

• 回收利用，即将废白土渣用蒸汽直接加热将其"蒸煮"，浮集于水面的油回收，作为废油重新再生，而去油的白土渣可作为制造砖瓦的原料、铺设沥青路面的填料等。

其他吸附剂废渣也可采用类似方法处理。

❺ 废油的化学再生处理

a. 硫酸再生法　重要的化学再生方法。

硫酸对油的某些成分有相当强的反应能力，甚至在一定条件下，几乎对油中所有成分都能起作用，因此再生效果较好。

硫酸主要作用如下。

ⅰ. 对油中含氧、硫、氮化合物起磺化、氧化、酯化及溶解等作用。

ⅱ. 对油中的胶质及沥青质主要起溶解作用，同时也发生氧化、磺化、缩合等复杂的化学反应。

ⅲ. 对芳香烃起磺化反应。

ⅳ. 对油中悬浮的各种固体杂质起凝聚作用。

ⅴ. 芳香烃、环烷烃和烷烃都能略溶于硫酸。

b. 联合再生法

ⅰ. 硫酸 - 白土法　包括沉降、加酸处理、白土处理和过滤四步。适用于油质老化较严重的情况，尤其适用于高黏度的汽轮机油。白土吸附处理可以解决高黏度油碱洗时的乳化问题。

ⅱ. 硫酸 - 碱法　将经硫酸再生后的酸性油用碱溶液中和，然后水洗。适用于黏度小，不易被碱中和时发生乳化的油。

ⅲ. 硫酸-碱-白土法　经硫酸再生的酸性油用碱中和后，若需水洗的次数太多（为了使油的抗乳化时间合格），则可以减少水洗次数，而采用白土处理。也可在碱中和后沉降 20～30h，取上部澄清液直接进行白土处理。可再生酸值很高的废油。

> **注意**
>
> 废油再生用水量不大，所以污水不多，但也要重视处理问题。一般用隔油槽将上部漂浮的杂质除去，油分除不尽时，经生化处理后可达到排放标准。

8.2　达到寿命周期的完好零部件回收

（1）报废汽车资源回收利用的关键技术

报废汽车资源回收利用（图 8-2-1）需要经过从废旧产品的回收、拆解到使其转化为新的产品或者材料的复杂过程，这一过程需要采用各种高新技术，涉及众多学科。目前，汽车产品回收利用应用的关键技术可分为共性技术、再制造技术、再利用技术等。

图 8-2-1　汽车零部件的分类

❶ 共性技术包括基于结构改进和材料替代的回收利用设计技术（可拆解性设计、可回收性设计）、高效拆解技术等。

❷ 再制造涉及面向废旧汽车零部件失效分析、检测诊断、寿命评估、质量控制等多种学科，具体包括微纳米表面工程技术、再制造信息化升级技术、质量控制技术、先进材料成型与制备一体化技术、虚拟再制造技术、先进无损检测与评价技术、再制造快速成型技术等。

❸ 再利用技术包括材料分类检测技术、资源化预处理技术、产品粉碎及粒化技术、材料物理及化学分选技术、产品循环利用技术等。

（2）报废汽车资源回收利用的发展趋势

汽车产品回收利用技术的发展趋势是：尽可能提高回收利用率；开发利用快速装配系统和重复可用的紧固系统及其他能使拆卸更为便利的技术及装置；开展可拆解性、可回收性设计；开发由可循环使用的材料制作的零部件及工艺；开发易于循环利用的材料；减少车辆使用中所用材料的种类；开发有效的清洁能源回收技术；开发高效拆解技术。

（3）报废汽车有色金属的回收利用

❶ 有色金属在汽车中的应用　目前，节省资源和减少对环境的污染是迫切需要解决的两大问题。要使汽车更省油，一个重要措施就是减轻自身重量，广泛和更多地使用轻质材料。汽车重量对燃料经济性起着决定性的作用，车重每降低100kg，油耗可减少0.7L/100km。目前，在汽车上普遍使用的轻质材料主要有超轻高强度钢板、铝合金、镁合金、塑料等。在报废汽车中尽管有色金属所占比例不大，但利用价值却很高。

铝合金是最佳的汽车轻量化用材，铝合金零件以铸件为主（约占70%），变形加工件为辅（约占30%），主要用于活塞、气缸体、气缸盖、燃油管、燃油箱、风扇、离合器壳体等（图8-2-2）。

图 8-2-2　铝合金车身

镁合金的强度不高但是比强度很高,加工性能非常好,目前镁合金零件主要用于轿车或赛车中的变速器、离合器壳体、操纵杆托架、大梁等。

汽车上使用的有色金属还有纯铜、黄铜等,纯铜用来制造制动管、散热管等,铜合金则广泛用于其他零部件,如水箱本体、水箱盖、制动阀阀座、转向节衬套、活塞销衬套等。但是由于铜及铜合金的密度较大,不符合汽车轻量化的发展方向,因此已经开始逐步被铝合金取代。

❷ 有色金属的回收利用　　对于有色金属的回收,最理想的方法是原零件的重用,以人工为主,手工分解汽车,精心拆解、挑选,然后将各种材料和零部件分类放置。将铝、镁、铜等合金零部件可按变形合金或铸造合金,或者按不同合金系进行回收再生。

如果通过机械化、半自动化的方法去杂、分离,回收原材料,多采用切碎机切碎报废汽车车体后,再分别回收不同的原材料,主要流程如下。

a. 排尽所有液态物质后用水冲洗干净。

b. 拆卸易分离的大件,如车身板、车轮、底盘等。

c. 将拆卸下的大件和未拆卸的报废汽车车体,分别送入切碎机系统流水线,先压扁,然后在多刃旋转切碎装置上切成碎块。

d. 流水线对碎块进一步处理,其顺序是:全部碎块通过空气吸道,利用空气吸力吸走轻质塑料碎片;通过磁选机,吸走钢和铁碎块;通过悬浮装置,利用不同浓度的浮选介质分别选走密度不同的镁合金和铝合金;由于铅、锌和铜密度大,浮选方法不太适用,利用熔点不同分别熔化分离出铅和锌,最终余下来的是高熔点铜。

这种方法的优点是回收流程合理,成本相对不高;缺点是对回收铝、镁合金来说仍有欠缺。主要是由于轿车上用的铝、镁合金属于不同的合金系,既有变形合金又有铸造合金,经破碎和浮选后,不能再进一步分离,成为不同合金的混合物,就会给接下来的重熔再生合金的化学成分和杂质元素控制带来非常大的困难,因此大多数情况下仅能作为重熔铸造合金使用,降低了使用价值和广泛性。为了解决铝、镁合金重熔回收后成分混杂、使用价值低的问题,在汽车设计时,对材料的选择与开发进行了很多的研究,同时新的分离方法也在不断地被开发出来,如铝废料激光分离法、液化分离法等。

(4)汽车废旧零部件再使用、再制造

❶ 汽车废旧零部件再使用　　通过汽车废旧零部件的再使用,可以延长汽车零部件的使用寿命,从而节约资源。再使用又可分为直接使用、翻新使用和修复使用三种方式。由于汽车零部件不可能达到等寿命设计,因此当汽车产品报废时总有一部分零部件性能完好,这部分零部件经过检测合格后可直接使用。

再使用基本上不会消耗额外的资源和产生额外的污染,是最为理想的回收利用方式。

❷ 汽车废旧零部件再制造　再制造是指以产品全寿命周期理论为指导,以优质、高效、节能、节材、环保为目标,以先进技术和产业化生产为手段,进行修复、改造废旧产品的一系列技术措施或工程活动的总称。

它是通过采用包括先进表面工程技术在内的各种新技术、新工艺,将汽车废旧零部件作为毛坯,在基本不改变其形状和材质的情况下,对废旧零部件实施再加工,充分挖掘其中蕴含的原材料、能源、劳动付出等附加值,生成性能等同或者高于原产品的再制造产品的资源再利用方式,节能减排效果显著。

汽车废旧零部件再制造无论从技术成熟性、经济合理性,还是产业规模都具发展优势。例如,汽车发动机再制造与新品相比,降低成本 50% 左右,节约能源 60%、节约原材料 70%。

(5) 汽车废旧轮胎的综合利用

废旧轮胎被称为"黑色污染",其回收和处理技术一直是世界性难题,也是环境保护的难题。汽车废旧轮胎的综合利用措施如下。

❶ 废旧轮胎翻新　翻新是利用废旧轮胎的主要和最佳方式,就是将已经磨损的废旧轮胎的外层削去,粘贴上胶料,再进行硫化,重新使用。

❷ 废旧胎制胶粉　通过机械方式将废旧轮胎粉碎后得到的粉末状物质就是胶粉,其生产工艺有常温粉碎法、低温冷冻粉碎法、水冲击法等。与再生胶相比,胶粉不需脱硫,所以生产过程耗费能源较少,工艺较再生胶简单得多,减少了污染环境,而且胶粉性能优异,用途极其广泛。通过生产胶粉来回收废旧轮胎是集环保与资源再利用于一体的很有前途的方式。

❸ 热能利用　废旧轮胎是一种高热值材料,每公斤的发热量比木材高 69%,比烟煤高 10%。以废旧轮胎作燃料,可直接燃烧回收热能,但会造成大气污染,不宜提倡。将废旧轮胎破碎,然后按一定比例与各种可燃废旧物混合,配制成固体垃圾燃料,供高炉喷吹代替煤、油和焦炭作烧水泥的燃料或用于火力发电。同时,该法还有副产品——炭黑,经活化后可作为补强剂再次用于橡胶制品生产。在综合利用中,热能利用是目前能够最大量消耗废旧轮胎的唯一途径,方便、简洁、且设备投资少。

❹ 再生胶　通过化学方法,使废旧轮胎橡胶脱硫,得到再生橡胶是综合利用废旧轮胎最早的方法。目前采用的再生胶生产技术有动态脱硫法、常温再生法、低温再生法、低温相转移催化脱硫法、微波再生法、辐射再生法和压出再生法。但该法对环境的污染严重。

❺ **热分解** 用高温加热废旧轮胎，促使其分解成油、可燃气体、炭粉。热分解所得的油与商业燃油特性相近，可直接燃烧或与从石油中提取的燃油混合后使用，也可以用作橡胶加工软化剂；所得的可燃气体主要由氢和甲烷等组成，可作燃料使用，也可以就地燃烧供热分解过程的需要；所得的炭粉可代替炭黑使用，或经处理后制成特种吸附剂，这种吸附剂对水中污物，尤其是水银等有毒金属有极强的滤清作用。

(6) 报废汽车玻璃的回收利用

汽车玻璃的回收和再利用同汽车上其他非金属材料一样，虽然在技术上是可行的，但实际操作起来却比较困难。原因是材料的回收一般都是采用手工拆卸，成本过高；回收过程中容易混入其他杂质，造成回收材料的纯度不够，影响了再利用的效果；现有进行材料回收的基础设施还不够。

(7) 报废汽车塑料的回收利用

汽车使用的材料无论是外装饰件、内装饰件，还是功能与结构件，到处都可以看到塑料制件的影子。外装饰件的应用特点是以塑料代钢，减轻汽车自重，主要部件有保险杠、挡泥板、车轮罩、导流板等；内装饰件的主要部件有仪表板、车门内板、副仪表板、杂物箱盖、座椅、后护板等；功能与结构件主要有油箱、散热器水室、空气过滤器罩、风扇叶片等。

报废汽车的塑料最理想的处理方法是再利用，目前主要是采用燃烧利用热能的方式来处理汽车废旧塑料件，并通过一定的清洁装置，将不能利用的废气和废渣进行清洁处理。目前，汽车废旧塑料的回收、再生与利用技术，已成为一个热点，并逐步形成为一种新兴的产业。

(8) 报废汽车黑色金属的回收利用

汽车上的黑色金属包括钢和铸铁。根据在汽车上的应用部位和加工方法，可把汽车用钢分为特殊钢和钢板两大类。特殊钢是指具有特殊用途的钢，汽车发动机和传动系统的许多零件均使用特殊钢制造，如弹簧钢、齿轮钢、调质钢、不锈钢、易切削钢、渗碳钢、氮化钢等。钢板在汽车制造中占有很重要的地位，载重汽车钢板用量占钢材消耗量的50%左右，轿车则占70%左右。按加工工艺分，钢板可分为热轧钢板、冷冲压钢板、涂镀层钢板、复合减振钢板等。

报废汽车经拆卸、分类后，经过机械处理，将钢材送钢厂、铸铁送铸造厂、有色金属送相应的冶炼炉进行处理。目前机械处理的方法有剪切、打包、压扁和粉碎等。

对于黑色金属材料的机械处理，比较合理的方法是采用报废汽车整车连续化处理线，即送料→压扁→剪断→小型粉碎机粉碎→风选→磁选→出料或送料

→大型粉碎机粉碎→风选或水选→出料。这种自动化处理方式的特点是可以将整车一次性处理，可将黑色金属和非金属材料分类回收，所回收的黑色金属纯度高，是优质的炼钢原料，适合于大型企业大量报废汽车处理。

8.3 空调制冷剂净化与回收

（1）空调制冷剂的作用

制冷剂（又称冷媒）是在制冷系统中不断循环并通过其本身的状态变化实现制冷的工作物质。汽车空调制冷剂的作用是降低车内空气的温度。制冷剂在蒸发器内吸收被冷却介质的热量而汽化，在冷凝器中将热量传递给周围空气或水而冷凝（图 8-3-1）。

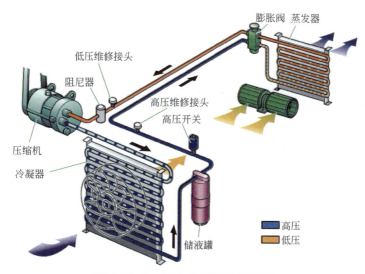

图 8-3-1　汽车空调制冷剂循环

（2）空调制冷剂的分类

❶ R12　在常温、常压下是无色无味的气体，化学性能稳定，不易燃烧，与空气混合时不易爆炸，但对臭氧层有破坏作用，现已禁用。

❷ R134a　在正常大气压力下，其许多特性与 R12 相同，但不会对臭氧层构成威胁。R134a 安全性高，不易燃，不爆炸。2000 年以后取代了 R12 成为汽车空调系统使用的制冷剂。

(3) 回收空调制冷剂的意义

空调制冷剂在使用过程中一般不消耗,但有时会泄漏,如果需要重新添加,或者空调要报废,建议先将制冷剂回收。

❶ 从对环境环保方面看 R12 排放到空气中,会对臭氧层造成破坏,危害环境;另外,制冷剂本身虽然无毒或低毒,但遇明火会产生有毒气体,危害人体健康,因此需要回收。

❷ 从经济方面看 空调在制冷循环过程中并没有消耗制冷剂,只是通过制冷剂的气液两态循环而实现制冷,因此制冷剂是可以循环使用的,回收的制冷剂经过处理后能再次使用,实现一定的经济效益。

(4) 制冷剂回收技术要求

❶ 制冷剂回收作业流程 制冷剂回收,是指用专用设备将制冷装置中的制冷剂收集到特定外部容器中的过程。制冷剂回收作业流程如图 8-3-2 所示。

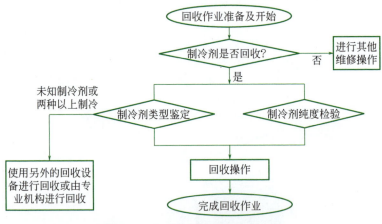

图 8-3-2 制冷剂回收作业流程

❷ 制冷剂回收原则 在汽车维修过程中,凡涉及制冷剂循环系统的作业,在维修前,均应对制冷装置中的制冷剂进行回收。

❸ 制冷剂检测

a. 类型鉴别

i. 查阅车辆使用说明书,确认制冷装置规定的制冷剂类型。

ii. 检查汽车发动机舱内的空调系统标识,查看压缩机、膨胀阀等部件上的标牌,确认制冷装置规定的制冷剂类型。

iii. 进行初步判别后,还应采用制冷剂鉴别设备检测制冷装置中制冷剂的类型,确认是否与其规定的制冷剂类型一致。

b. 纯度检测　采用制冷剂鉴别设备对制冷装置中的制冷剂纯度进行检测（图 8-3-3）。

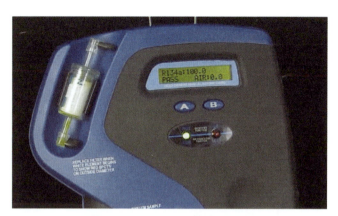

图 8-3-3　R134a 纯度 100%

c. 检测结果　根据制冷剂的检测结果确定作业方式。

i. 制冷装置中存在一种制冷剂，且与制冷装置规定的制冷剂类型相符，应进行回收。纯度低于 96% 时，应按要求进行净化。

ii. 制冷装置中存在一种制冷剂，但与制冷装置规定的制冷剂类型不符，应进行回收。纯度低于 96% 时，应按要求进行净化。

iii. 制冷装置中存在未知制冷剂或两种以上类型的制冷剂，表明制冷装置中是多种制冷剂的混合物，这种情况下，不应使用作业用的回收/净化/加注设备进行操作，应采用另外的制冷剂回收设备进行回收或由专业机构进行回收和处理。

❹ 制冷剂回收操作

a. 排净管道里的制冷剂气体后，将制冷剂管快速连接到空调的制冷加注口上。

b. 顺时针关闭冷凝器的出液阀，启动压缩机，等待几秒。

c. 关闭手阀，电脑操作开启冷凝电磁阀和板冷阀，使压缩机运行 5～8min。

d. 查看中压表，中压压力为零时可以停止压缩机运行，空调中的制冷剂就被回收到制冷剂罐中了。

e. 回收的制冷剂如果需要二次使用，需要经过处理，因为回收的制冷剂中含有固态颗粒物、冷冻油、水分、空气等杂质，通常会用干燥过滤器过滤掉杂质，分离出其中的冷冻油，实现制冷剂的回收再生（图 8-3-4）。

图 8-3-4 回收制冷剂

❺ 制冷剂回收注意事项

a. 回收/净化/加注设备的适用介质应与所回收的制冷剂类型一致。

b. 不应采用单系统的回收/净化/加注设备对两种或两种以上类型的制冷剂进行回收。

c. 按制冷剂的类型分类回收,不应将不同制冷剂混装在一个储罐中。

d. 回收时,储罐内的制冷剂质量应不超过罐体标称装灌质量的 80%。

e. 不应自行维修制冷剂储罐阀门和储罐。

f. 因被污染或其他原因不能确定其成分而不能净化利用的制冷剂,应用带有文字标识的储罐储存,不应排放到大气中。

(5) 制冷剂净化技术要求

制冷剂净化是指用专用设备对回收的制冷剂进行循环过滤,去除其中的非凝性气体、油、水、酸和其他杂质,使其能够重新利用的过程。制冷剂净化作业流程如图 8-3-5 所示。

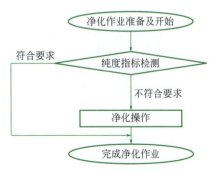

图 8-3-5 制冷剂净化作业流程

❶ 纯度指标检测　根据制冷剂检测结果，纯度低于96%时，在完成回收操作后，应再次采用制冷剂鉴别设备检测已回收到储罐中的制冷剂纯度，当纯度仍低于96%时，应按要求进行净化操作；当纯度不低于96%时，可不执行净化操作。

❷ 净化操作

a. 采用回收/净化/加注设备进行制冷剂的净化，具体操作参见设备使用手册。

b. 如设备功能允许，制冷剂净化操作可与抽真空操作同步进行。

c. 当制冷剂纯度不低于96%时，可结束净化过程。

d. 完成制冷剂净化操作后，应将分离出来的冷冻油排入排油壶中，并进行计量。工作在自动模式下的设备，将自动完成排放冷冻油的过程，半自动或手动型设备需要人工干预。

❸ 注意事项

a. 如制冷剂的回收与净化是连续的操作，在回收操作完成后，应尽快进行纯度检测，以保证检测结果的准确性。

b. 制冷剂的净化是对回收的制冷剂进行循环过滤，去除其中的非凝性气体、油、水、酸和其他杂质，净化操作应最大限度地排除上述物质。

c. 制冷剂的净化在回收过程中已完成一次净化循环，为提高净化效果，在制冷剂回收过程全部结束后，如纯度仍低于96%时，应再次对回收的制冷剂进行净化循环，使之符合纯度要求。

d. 制冷剂净化过程所需时间的长短，取决于回收的制冷剂中水分等杂质的含量及净化装置的吸收（干燥）能力，应按设备养护要求，定期更换干燥过滤器等相关部件。

e. 按照环境保护的相关法规处理被分离的废冷冻油。

(6) 制冷剂的储存

制冷剂储存于罐中，罐正立时上面为气态下面为液态，可以气态流出，倒立时可以液态流出。

制冷剂储存的注意事项如下。

❶ 制冷剂储罐应竖起向上放置，不应倾斜或倒置。装制冷剂的钢瓶必须经过检验，以确保能承受规定的压力。

❷ 制冷剂储罐应分类分区储存，标识明显清晰，存放场地应保持阴凉、干燥、通风。

❸ 钢瓶上的控制阀常用帽盖或铁罩加以保护，使用后注意把卸下的帽盖或铁罩重新装上，以防搬运中受到撞击而损坏。

❹ 钢瓶中制冷剂用完时，应立即关闭控制阀，以免混入空气和水分。

❺ 液态制冷剂溅入眼睛能致盲，与皮肤接触很容易造成冻伤。

❻ 制冷剂容器不能暴露在高于 50℃的热环境下。不应与明火或任何类型的加热设备接触，同时它也不应在直射阳光中存储，容器内部压力过度增加容易造成容器爆炸。

❼ 如果制冷剂与明火或热金属接触，则会生成有毒气体，造成人身伤害。制冷剂应只由受过适当培训和有经验的汽车检修人员来处理。

第 9 章

绿色维修技术在车辆维修中的应用

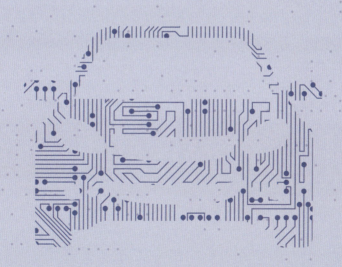

9.1 绿色维修在车辆常规保养中的应用

9.1.1 更换"一水三油四液"

"一水"指的是玻璃水;"三油"指的是变速器油、发动机机油、后桥差速器油;"四液"指的是蓄电池液(蓄电池电解液)、转向助力液、制动液、冷却液。

(1)"一水三油四液"的更换周期

❶ 玻璃水 没有明确的更换周期,用完了或者液位较低时应补充,注意使用防冻玻璃水,不可长期添加饮用水,因为饮用水不如玻璃水纯净,容易发生堵塞的情况,尤其是在冬季时,饮用水会结冰,玻璃水可以防冻。

❷ 变速器油 自动变速器油更换周期一般为4万~8万公里,具体更换时间需查阅车辆的保养手册,不同品牌车辆更换时间是有差别的。手动变速器油每2年或6万公里左右更换一次,具体更换时间需查阅车辆的保养手册,不同品牌车辆更换时间也是有差别的。

❸ 发动机机油 矿物油的更换周期为半年或5000公里,半合成油为8个月或8000公里,全合成油为1年或1万公里,机油的品牌和质量的不同,更换周期也会不同。

❹ 后桥差速器油 前驱车是没有差速器的,只有四驱和后驱车带有差速器,普通车辆每4万~6万公里更换,不同品牌车辆更换时间是有差别的。

❺ 蓄电池液 普通蓄电池春秋季节一般一个月加一次,夏季20天左右加一次,冬季可以两个月加一次,用车次数和时间都会影响蓄电池液消耗量,建议定期检查蓄电池液的剩余量,及时添加。现在大多免维护蓄电池,在使用过程中不需要频繁添加蓄电池液,视具体情况而定。

❻ 转向助力液 更换周期通常为2年或4万公里,时间稍微延长也没问题,但是应注意检查。

❼ 制动液 一般的更换周期是2年或4万公里,具体要视实际使用情况而定。

❽ 冷却液 更换周期和颜色、车型有关,一般更换周期为2年或4万公里,也有时间更长的,更换周期为5年或10万公里,具体可参考车辆保养手册。

(2)更换发动机机油、机滤

以宝马325车型B48发动机为例。

❶ 拆下隔音板。

❷ 拆卸油管接头密封盖(图9-1-1)。

❸ 拆下机油滤清器滤芯，松开机油滤清器盖（图 9-1-2）。

图 9-1-1　拆卸油管接头密封盖

1—油管接头密封盖

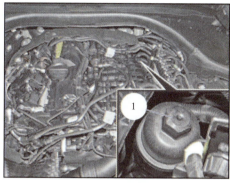

图 9-1-2　松开机油滤清器盖

1—机油滤清器盖

将机油滤清器盖和机油滤清器滤芯一起向上抽出并拆卸（图 9-1-3）。

❹ 松开放油螺塞。转动并拆卸维修盖板（图 9-1-4）。

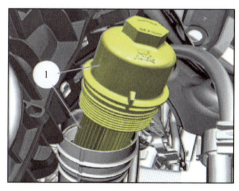

图 9-1-3　取下机油滤清器盖和机油滤清器滤芯

1—机油滤清器盖和机油滤清器滤芯

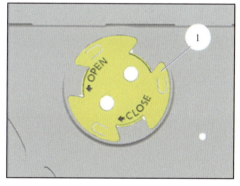

图 9-1-4　转动并拆卸维修盖板

1—维修盖板

将放油螺塞从油底壳上松开（图 9-1-5）。

排放发动机机油并使机油滴净。

❺ 拧紧放油螺塞（图 9-1-6）。将放油螺塞在油底壳上定位并将其拧紧。更新密封环。

安装维修盖板。

❻ 更换新的机油滤清器滤芯。将机油滤清器滤芯沿箭头方向从机油滤清

图 9-1-5　松开放油螺塞

1—放油螺塞

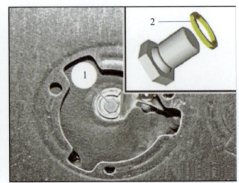

图 9-1-6　拧紧放油螺塞

1—放油螺塞；2—密封环

器盖中抽出并拆卸（图 9-1-7）。

　　检查机油滤清器盖内侧是否有机油滤清器的残留物，必要时清除机油滤清器残留物（图 9-1-8）。

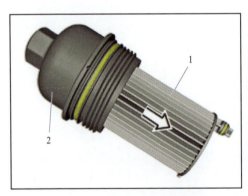

图 9-1-7　拆卸机油滤清器滤芯

1—机油滤清器滤芯；2—机油滤清器盖

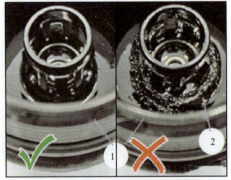

图 9-1-8　检查机油滤清器盖

1—机油滤清器盖；2—残留物

　　更换新的 O 形环和机油滤清器滤芯。注意正确安装 O 形环 1 和 3（图 9-1-9）。用发动机机油浸润 O 形环。将机油滤清器滤芯 2 沿箭头方向穿入并安装在机油滤清器盖 4 上。必须能听到机油滤清器滤芯 2 嵌入的声音。

　❼ 安装机油滤清器。将机油滤清器滤芯和机油滤清器盖在机油滤清器壳 2 的导向孔 1 中定位（图 9-1-10）。

　　安装机油滤清器滤芯及机油滤清器盖。拧紧机油滤清器盖，标准力矩为 25N·m。

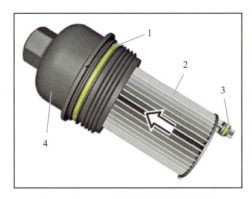

图 9-1-9　安装机油滤清器滤芯

1,3—O 形环；2—机油滤清器滤芯；
4—机油滤清器盖

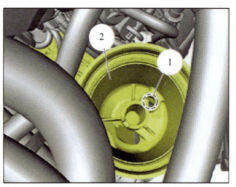

图 9-1-10　导向孔

1—导向孔；2—机油滤清器壳

⑧ 加注发动机机油，加注量为 5.75L。

⑨ 安装油管接头密封盖。

⑩ 安装隔音板。

（3）更换后桥差速器油

以宝马 325 车型 B48 发动机为例。

❶ 松开注油螺栓（图 9-1-11），抽吸后桥差速器油。

❷ 从抽油口加油。当注油螺栓开口处有少许油溢出时，说明后桥差速器中的油位调整正确。加注量为 0.9L。

❸ 更换新的注油螺栓。旋入并拧紧注油螺栓，标准力矩为 60N·m。

（4）更换自动变速器油

以宝马 325 车型 B48 发动机 GA8H 变速器为例。

❶ 松开放油螺塞（图 9-1-12），排放自动变速器用油。

待油液滴净后，更换新的放油螺塞并紧固，标准力矩为 8N·m。

❷ 连接诊断系统。为了用诊断

图 9-1-11　松开注油螺栓

1—注油螺栓

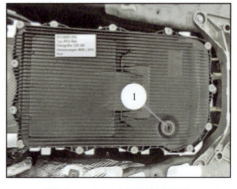

图 9-1-12　松开放油螺塞

1—放油螺塞

系统进行油位调校，遵守规定的变速器油温：升高条件为变速器油温在 30～40℃之间；结束条件为变速器油温在 40～50℃之间。

调用服务功能（传动系统），根据说明执行油位调校。将注油螺栓用专用工具松开（图 9-1-13）。

根据 BMW 诊断系统中的说明添加自动变速器油，加注量为 9.28L。加注完成后，更换新的注油螺栓并安装，标准力矩为 35N·m。

图 9-1-13 松开注油螺栓

1—注油螺栓

（5）更换制动液

以宝马 325 车型 B48 发动机为例。

❶ 拆卸左后发动机室的盖板。

❷ 连接制动液自动加注和排气装置。为确保对制动系统正确排气，务必遵守下列操作步骤。在储液罐中加注新制动液，直至图 9-1-14 所示螺纹下边缘。连接前，对制动液自动加注和排气装置的软管排气。连接并打开制动液储液罐上的制动液自动加注和排气装置（图 9-1-15）。必须注意各个设备制造商的操作说明。注意不得超过 2bar（0.2MPa）的加注压力。

图 9-1-14 加注新制动液

1—螺纹下边缘

❸ 冲洗后桥制动回路并排气。从右后方开始冲洗。将排气软管及容器插在右后制动钳上的排气阀上（图 9-1-16）。打开排气阀并冲洗，直至流出的制动液纯净无气泡，关闭排气阀。排气阀标准力矩为 10N·m。

❹ 冲洗前桥制动液回路并排气。从右前方开始冲洗。将排气软

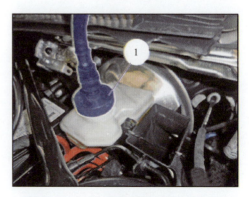

图 9-1-15 连接制动液自动加注和排气装置

1—制动液自动加注和排气装置

管及容器插在右前制动钳上的排气阀上（图9-1-17）。打开排气阀并冲洗，直至流出的制动液纯净无气泡，关闭排气阀。排气阀标准力矩为10N·m。

❺ 拆开制动液自动加注和排气装置。关闭制动液自动加注和排气装置并从制动液储液罐上拆下。检查制动液面高度，必要时匹配至最大标记。检查密封盖的密封件是否损坏，必要时更换新件（图9-1-18）。安装制动液储液罐上的密封盖。

❻ 安装左后发动机室的盖板。

❼ 进行车况保养服务系统（CBS）重置。前提条件：保养范围已执行；车载日期已调整正确；没有任何检查控制信息；保养周期的剩余里程或剩余运行时间低于90%。重置步骤如下。

　a. 建立PWF状态"停留"。

　b. 建立PWF状态"检查分析诊断"：为此操纵启动/停止按钮3次。

　c. 按下分里程复位按钮（图9-1-19）约10s，直至显示器中出现第1个保养范围。

　d. 通过重新短按分里程复位按钮可到达下一个位置。

　e. 选择希望的保养范围。

　f. 如果可以进行CBS重置，则在KOMBI中会显示"可进行重置"。

　g. 确认文本信息"是否进行重置？"。为此长按分里程复位按钮13s。

　h. 执行后CBS重置会被确认为"重置成功"。

图 9-1-16　右后制动钳排气阀连接排气软管

1—排气软管

图 9-1-17　右前制动钳排气阀连接排气软管

1—排气软管

图 9-1-18　检查密封盖

1—密封盖

（6）更换冷却液

以宝马 325 车型 B48 发动机为例。

❶ 松开密封盖（图 9-1-20）。

❷ 解锁并松开冷却液管（图 9-1-21）。收集并妥善处理排出的冷却液。

❸ 解锁并松开冷却液管（图 9-1-22）。收集并妥善处理排出的冷却液。

❹ 检查冷却液管的密封环是否损坏，必要时更换新件（图 9-1-23）。

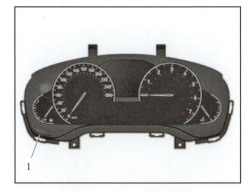

图 9-1-19　组合仪表

1—分里程复位按钮

图 9-1-20　松开密封盖

1—密封盖

图 9-1-21　松开冷却液管

1—冷却液管

图 9-1-22　松开冷却液管

1—冷却液管

图 9-1-23　检查冷却液管的密封环

1—密封环；2—冷却液管

❺ 连接冷却液管路。
❻ 将真空加注机连接到冷却液膨胀罐上（图9-1-24）。

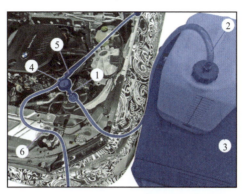

图9-1-24　将真空加注机连接到冷却液膨胀罐上

1—带压力表和单向阀的真空加注装置；2—加注软管；3—装有冷却液的液体容器；
4—文丘里喷嘴；5—压缩空气接口 [7bar（0.7MPa）]；6—排气软管（将排气软管穿入一个容器中）

> **注意**
>
> 真空加注机的液体容器中必须有足够的预混合冷却液，比针对该车辆规定的加注量多1～2L。真空加注机的液体容器必须定位在与冷却液膨胀罐相同的高度上。真空加注机必须功能正常且没有污染。

❼ 将专用工具（图9-1-25中1）插在真空加注机上。将专用工具（图9-1-25中2）和专用工具组中合适的适配接口连接在一起（图9-1-25）。

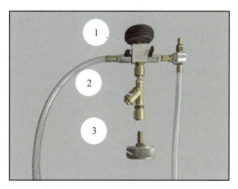

图9-1-25　连接专用工具

1,2—专用工具；3—适配接口

❽ 用专用工具加注冷却系统。加注量为 10L。加注完成后，冷却液循环中的真空必须至少保持 2min。

❾ 对冷却系统进行排气。

❿ 在冷却系统排气后，加注冷却液超过最大标记。过量加注是为了补偿冷却系统中残留空气逸出，在行驶过程中会达到冷却液的正常液位。将高温冷却液循环回路冷却液膨胀罐中的液位匹配到最大标记上方 200mL（图 9-1-26）。

⓫ 关闭密封盖，直至对准箭头标记（图 9-1-27）。

图 9-1-26　冷却液液位
1—冷却液膨胀罐；2—标记

图 9-1-27　关闭密封盖
1—密封盖

（7）更换转向助力液

❶ 启动车辆，将原来的旧液吸净。

❷ 注入新的转向助力液，然后来回转动转向盘，让新液渗透，同时也能起到清洗的作用。转动转向盘的目的是排出转向机里的旧液，注意不要长时间打死转向盘，否则会导致压力过大，转向助力液会喷出。

❸ 再次将转向助力液罐中的转向助力液吸净，然后再次注入新的转向助力液，重复上面第 2 步，再次转动转向盘。

❹ 再次将转向助力液吸净，这样反复操作主要是为了将旧的转向助力液全部清除干净，然后注入新液。注意油液不能混加。

> **注意**
>
> 注入新的转向助力液后，启动车辆，会有异响，这是油液在循环，慢慢就会恢复无声。不能长时间在无转向助力液的情况下着车，否则会毁坏转向助力泵。

9.1.2 更换滤清器

（1）更换空气滤清器滤芯

以宝马 325 车型 B48 发动机为例。

❶ 关闭点火开关，如图 9-1-28 所示，解锁并脱开插头连接 1，松开夹箍 2，解锁夹子（箭头），抽出并拆下进气滤清器壳上部件 3（图 9-1-18）。

❷ 抽出并拆下空气滤清器滤芯（图 9-1-29）。

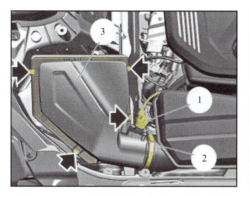

图 9-1-28　拆卸进气滤清器壳上部分

1—插头连接；2—夹箍；3—进气滤清器壳上部件

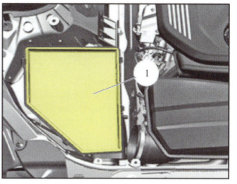

图 9-1-29　拆下空气滤清器滤芯

1—空气滤清器滤芯

❸ 清洁空气滤清器壳下部件 1（图 9-1-30）。

❹ 安装新的空气滤清器滤芯。安装其他拆下的零件。

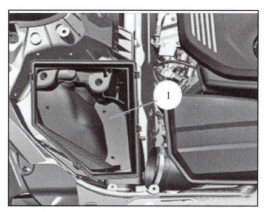

图 9-1-30　清洁空气滤清器壳下部件

1—空气滤清器壳下部件

（2）更换空调滤清器

以宝马 325 车型 B48 发动机为例。

❶ 拆卸右侧脚部空间饰板（图 9-1-31）。将锁止件 3 转动 90°。将脚部空间饰板 1 从导向件 2 中抽出。将脚部空间饰板 1 向内从导向件 4 中取下。解锁并脱开相应的插头连接。

❷ 拔下排水软管 1。将排水软管中 1 从支架 2 中抽出（图 9-1-32）。

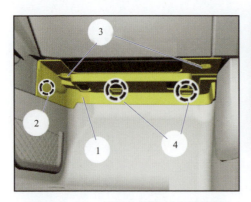

图 9-1-31　拆卸右侧脚部空间饰板

1—脚部空间饰板；2,4—导向件；3—锁止件

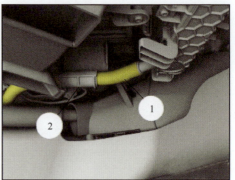

图 9-1-32　拔下排水软管

1—排水软管；2—支架

❸ 松开螺栓 1，松开嵌入件 2，拆卸盖板 3（图 9-1-33）。

❹ 拆卸微尘滤清器（图 9-1-34）。

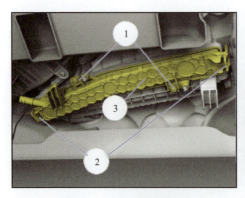

图 9-1-33　拆卸盖板

1—螺栓；2—嵌入件；3—盖板

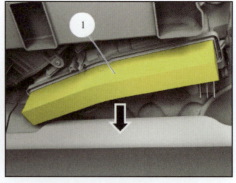

图 9-1-34　拆卸微尘滤清器

1—微尘滤清器

❺ 安装微尘滤清器。安装时确保箭头 1 在微尘滤清器 2 上始终朝向行驶

方向（图 9-1-35）。

　　启动车辆内循环模式。如图 9-1-36 所示，将微尘滤清器 1 穿入冷暖空调器 2 内，并沿箭头 A 方向稍稍向前按。将微尘滤清器 1 朝箭头 B 方向向上推入冷暖空调器 2 中。确保微尘滤清器 1 在推入冷暖空调器 2 时不在空气内循环风门 3 上。

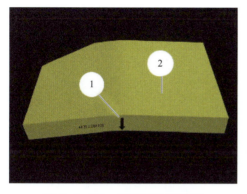 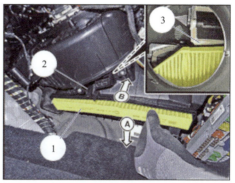

图 9-1-35　检查空调滤清器

1—箭头；2—微尘滤清器

图 9-1-36　安装空调滤清器

1—微尘滤清器；2—冷暖空调器；
3—空气内循环风门

用少许力将微尘滤清器 1 推入冷暖空调器 2 中，直至极限位置（图 9-1-37）。

图 9-1-37　安装空调滤清器

1—微尘滤清器；2—冷暖空调器

❻ 安装其他零部件。

（3）更换燃油滤清器

以宝马 325 车型 B48 发动机为例。

❶ 拆下侧面底板饰件。松开所有螺栓和螺母（箭头），抽出底板饰件 1（图 9-1-38）。

❷ 拆卸外部的燃油滤清器（图 9-1-39）。将燃油管路 1 解锁并松开，将燃油管路 2 解锁并松开，松开螺母 3，解锁支架 4 上的锁止件，抽出并拆下支架 4，抽出并拆下燃油滤清器 5。

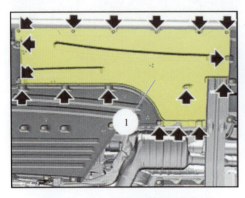
图 9-1-38　拆下侧面底板饰件
1—底板饰件

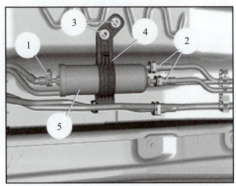
图 9-1-39　拆卸外部的燃油滤清器

❸ 安装外部的燃油滤清器。穿入并安装新的燃油滤清器 5，安装支架 4 并用锁止件固定，连接燃油管路 2 并确保听见其锁止的声音。连接燃油管路 1 并确保听见其锁止的声音。

❹ 安装侧面底板饰件。

9.1.3　更换蓄电池

以宝马 325 车型 B48 发动机为例。

（1）更换蓄电池

❶ 关闭点火开关，拆卸右后发动机室盖板。

❷ 断开发动机室内辅助电池的负极导线。

❸ 拆下行李厢底板饰件。

❹ 松开螺母 1，将车用蓄电池负极导线 2 从蓄电池负极上拔下（图 9-1-40），置于一侧并固定。

❺ 松开护罩 2 的卡子 1，将护罩 1 向上从导向件 3 中抽出并取下（图 9-1-41）。

❻ 打开蓄电池正极盖板 1，松开螺母 2，将蓄电池正极接线柱 3 从蓄电池

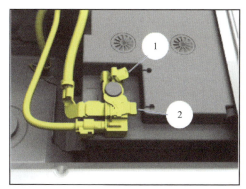

图 9-1-40　断开蓄电池负极

1—螺母；2—车用蓄电池负极导线

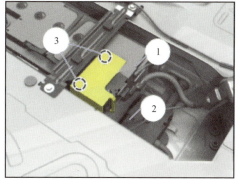

图 9-1-41　拆卸护罩

1—卡子；2—护罩；3—导向件

正极上拔下（图 9-1-42）。

❼ 将蓄电池正极接线柱固定在侧面，拔下车用蓄电池上的排气管 1（图 9-1-43）。

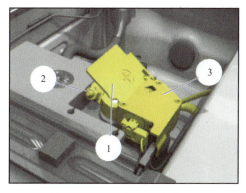

图 9-1-42　松开正极螺母

1—蓄电池正极盖板；2—螺母；
3—蓄电池正极接线柱

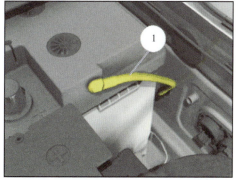

图 9-1-43　拔出蓄电池上的排气管

1—排气管

❽ 松开螺栓 1，取下蓄电池弓形固定架 2，松开螺栓 3，取下蓄电池支架 4，沿箭头方向松开蓄电池 5，并从把手上拆下（图 9-1-44）。

❾ 按与拆卸相反的顺序安装蓄电池。

❿ 连接车用蓄电池负极导线。

（2）废弃蓄电池处理

目前在汽车上使用的主要是铅酸蓄电池。铅酸蓄电池对环境的危害主要是酸、碱等电解质溶液和重金属的污染。废旧铅酸蓄电池已被列入国家危险废物

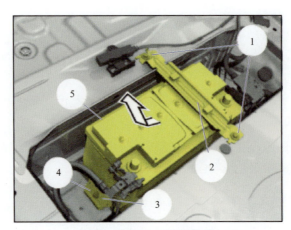

图 9-1-44　取下蓄电池

1,3—螺栓；2—弓形固定架；4—支架；5—蓄电池

名录。为了防止铅对环境的污染，提高铅资源的合理有效利用程度，实施可持续发展战略，管理体制应从以下几个方面加以完善。

❶ 建立完善的废旧铅酸蓄电池回收渠道。

❷ 加强转运管理。废旧铅酸蓄电池转运时，必须正置，并拧紧排气栓（液孔栓），且要有防雨措施，以防稀硫酸外溢和洒落。

❸ 对再生铅加工企业实施许可证制。应要求企业规模在年产再生铅 1 万吨以上；加工过程应有完善的环保设施和有效的措施；铅尘、烟气、污水排放应达到国家相应标准；生产人员应享受劳保用品和保健费，并定期体检，由企业负责治疗铅中毒人员等。

❹ 鼓励再生铅加工企业展开跨地区联合、兼并、资产重组，提高行业集中度。

❺ 采用或引进无污染再生铅加工技术和设备，再生铅加工企业选址应合理。

9.2　绿色维修技术在发动机维修中的应用

9.2.1　油底壳漏油

（1）油底壳漏油的危害

❶ 浪费机油，未到保养周期就要更换机油或补充机油。

❷ 导致发动机内部受损。
❸ 发动机温度非常高,机油渗漏到发动机上或其他高温附件上易引起自燃。
❹ 漏出的机油长时间不处理会流到地面,污染环境。

(2)修复油底壳漏油
以宝马 325 车型 B48 发动机为例。
❶ 拆卸油底壳。
解锁并脱开插头连接 1,将油底壳夹子 2 上的电缆松开(图 9-2-1)。
松开变速箱螺栓(箭头)(图 9-2-2)。

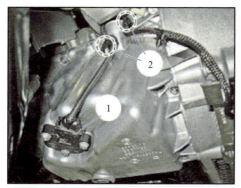

图 9-2-1 脱开插头连接并松开电缆

1—插头连接;2—夹子

图 9-2-2 松开变速箱螺栓

拧松螺栓 1、2 和 3(图 9-2-3)。
松开螺栓 1 ~ 7(图 9-2-4)。

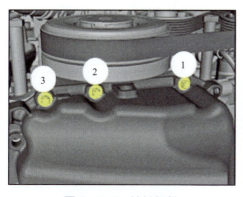

图 9-2-3 拧松螺栓

1 ~ 3—螺栓

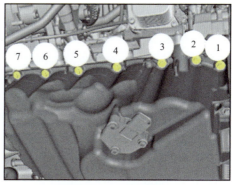

图 9-2-4 松开螺栓

1 ~ 7—螺栓

松开螺栓1～7（图9-2-5）。

松开螺栓1和2（图9-2-6）。

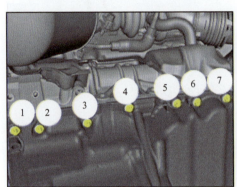

图 9-2-5　松开螺栓

1～7—螺栓

图 9-2-6　松开螺栓

1,2—螺栓

在标记区域中将油底壳用合适的工具1松开（图9-2-7）。

将油底壳1向后下方抽出并拆卸（图9-2-8）。

图 9-2-7　松开油底壳

1—工具

图 9-2-8　取下油底壳

1—油底壳

❷ 清洁及涂抹密封胶。注意采用磨削工具（如砂布）清洁表面可能损坏表面，导致不密封或发动机损坏。密封面必须是无油脂且无清洗剂的。用专用工具清除油底壳密封面1上细小的密封剂残留物（图9-2-9）。使用制动器清洁剂清洁密封面1。

用专用工具清除曲轴箱密封面1上粗大的密封剂残留物（图9-2-10）。使用制动器清洁剂清洁密封面1。

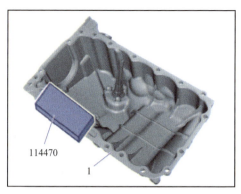

图 9-2-9 清洁密封面

1—油底壳密封面

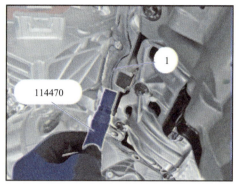

图 9-2-10 清洁密封面

1—曲轴箱密封面

如图 9-2-11 所示，将密封剂管 1 定位在专用工具上。

沿着线 1 涂抹高 2～2.5mm 的密封剂（图 9-2-12）。沿内边缘涂抹密封剂。用密封剂完整地涂抹机油回流孔（箭头）一圈。

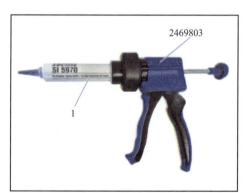

图 9-2-11 安装密封剂管

1—密封剂管

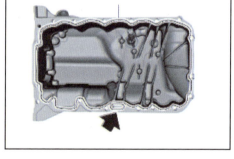

图 9-2-12 涂抹密封剂

1—轮廓线

❸ 使用变速箱螺栓 1 定位专用工具，使油底壳与发动机缸体精准对齐（图 9-2-13）。必要时更换新的配合套。

确保使用正确的螺栓 2（M8×40）将油底壳固定在变速箱上（图 9-2-14）。螺栓 1（启动电机的固定螺栓）绝对不允许被用于油底壳的固定。

❹ 安装油底壳。向前部上方安装油底壳。将油底壳的所有螺栓用手拧紧。

❺ 将电缆固定在油底壳的夹子上。连接插头并锁紧。

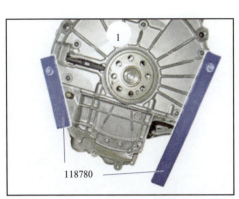
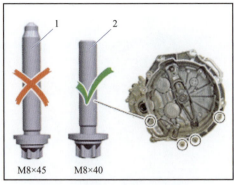

图 9-2-13　安装专用工具

1—变速箱螺栓

图 9-2-14　检查固定螺栓

1,2—螺栓

9.2.2　检查正时

以宝马 325 车型 B48 发动机为例。

❶ 将发动机沿箭头方向用专用工具转动至气缸 1 的点火上止点位置（图 9-2-15）。从上面能看到进气凸轮轴 E 和排气凸轮轴 A 上的标记 1（图 9-2-16）。

图 9-2-15　旋转曲轴

图 9-2-16　检查标记

1—标记

气缸 1 排气凸轮轴上的凸轮 1 必须稍微斜向右指向内部（图 9-2-17）。

气缸 1 进气凸轮轴上的凸轮 1 必须斜着指向左侧（图 9-2-18）。

进气凸轮轴和排气凸轮轴上的平台 1 必须指向上部（图 9-2-19）。

❷ 将专用工具组中的底架 1 定位在气缸盖上（图 9-2-20）。

图9-2-17 检查排气凸轮的位置

1—排气凸轮

图9-2-18 检查进气凸轮的位置

1—进气凸轮

图9-2-19 检查进气凸轮轴和排气凸轮轴上的平台

1—平台

图9-2-20 安装专用工具组中的底架

1—底架

❸ 在底架上拧紧专用工具组中的螺栓2（图9-2-21），标准力矩为8N·m。

图9-2-21 拧紧螺栓

1,2—螺栓

❹ 将专用工具组中的基准量规 1 定位在进气凸轮轴和专用工具组中的底架之间，将专用工具组中的基准量规 2 定位在排气凸轮轴和专用工具组中的底架之间（图 9-2-22）。拧紧螺栓（箭头），标准力矩为 8N·m。

图 9-2-22　安装基准量规

1,2—基准量规

❺ 抽出并拆卸密封盖 1（图 9-2-23）。

❻ 安装定位工具（图 9-2-24）。专用工具能安装到位，发动机正时正确。

图 9-2-23　抽出并拆卸密封盖　　　　图 9-2-24　安装定位工具

1—密封盖

9.2.3　更换气缸垫

以宝马 325 车型 B48 发动机为例。

❶ 将车前盖置于维修位置。
❷ 断开所有蓄电池负极导线。
❸ 拆卸后部车前盖密封条。
❹ 拆卸左后发动机室的盖板。
❺ 拆卸右后发动机室的盖板。
❻ 拆卸左侧和右侧刮水臂。
❼ 拆下风窗框板盖板。
❽ 拆下中间前围板上部。
❾ 拆下隔音板。
❿ 拆卸后部隔音盖板。
⓫ 拆卸中间前围板下部。
⓬ 拆卸纯空气管道和谐振器。
⓭ 拆卸前部隔音盖板。
⓮ 拆卸气缸盖罩的隔音盖板。
⓯ 拆下所有点火线圈。
⓰ 拆下所有火花塞。
⓱ 拆卸蓄电池正极导线支架。
⓲ 拆卸气缸盖上的隔热板。
⓳ 拆卸空燃比调节探头。
⓴ 拆卸高压泵和油轨之间的高压油管。
㉑ 拆下燃油进油管路。
㉒ 拆卸油轨及喷油嘴。
㉓ 拆下高压泵。
㉔ 拆卸两个执行器。
㉕ 拆下气缸盖罩。
㉖ 拆下进气集气箱。
㉗ 拆下通道上的连接支架。
㉘ 拆卸整个排气装置。
㉙ 拆卸前部机组防护板。
㉚ 拆卸转向器的机组防护板。
㉛ 拆卸中部机组防护板。
㉜ 拆下后部机组底部防护板。
㉝ 拆卸转向机组的盖板。
㉞ 排放高温冷却液循环回路的冷却液。

㉟ 连接高温冷却液循环回路的冷却液管。

㊱ 拆下废气涡轮增压器和增压空气冷却器之间的增压空气引导系统。

㊲ 拆下废气催化转换器。

㊳ 拆卸废气涡轮增压器的机油回油管。

㊴ 拆卸废气涡轮增压器的冷却液进流管路。

㊵ 拆卸废气涡轮增压器的冷却液回流管路。

㊶ 拆卸冷却液泵和气缸盖之间的冷却液管。

㊷ 松开EPS的插头。

㊸ 将发动机卡在点火上止点位置。

㊹ 拆下链条张紧器。

㊺ 松开进气调整装置的VANOS中央阀。

㊻ 松开排气调整装置的VANOS中央阀。

㊼ 拆卸进气调整装置的VANOS中央阀。

㊽ 拆卸排气调整装置的VANOS中央阀。

㊾ 拆卸进气调整装置。

㊿ 拆下排气调整装置。

51 拆卸用于凸轮轴的基准量规。

52 拆下气缸盖。

将气缸盖螺栓用专用工具松开（图9-2-25）。

将气缸盖螺栓用专用工具按照顺序从10至1松开（图9-2-26）。

将所有气缸盖螺栓1抽出并拆卸，将所有垫圈2抽出并拆卸（图9-2-27）。

将气缸盖1和废气涡轮增压器与一名辅助人员一起用专用工具抬出（图9-2-28）。

注意正时链条的导轨不得损坏。

图9-2-25 松开气缸盖螺栓

图9-2-26 按照顺序松开螺栓

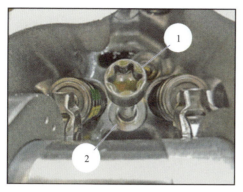

图 9-2-27　取出螺栓及垫片

1—螺栓；2—垫圈

图 9-2-28　取下气缸盖总成

1—气缸盖

53 拆卸气缸垫。

将气缸垫 1 从标记区域内抽出并拆卸（图 9-2-29）。

54 封闭油道。

将油道用专用工具组件的专用工具 B 封闭（图 9-2-30）。

图 9-2-29　取下气缸垫

1—气缸垫

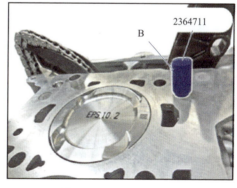

图 9-2-30　封闭油道

55 清洁密封面。

使用专用工具清除气缸盖密封面上粗大的残留物（图 9-2-31）。注意采用磨削工具（如砂布）清洁表面可能损坏表面，导致不密封或发动机损坏。

使用专用工具清除气缸盖密封面上细小的残留物（图 9-2-32）。

清洁气缸盖的所有盲孔 1（图 9-2-33）。

使用专用工具清除曲轴箱密封面上粗大的残留物（图 9-2-34）。

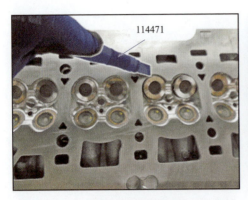

图 9-2-31　清除气缸盖密封面上粗大的残留物

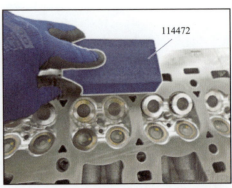

图 9-2-32　清除气缸盖密封面上细小的残留物

图 9-2-33　清洁气缸盖的所有盲孔

1—盲孔

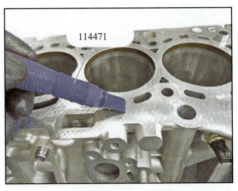

图 9-2-34　清除曲轴箱密封面上粗大的残留物

使用专用工具清除曲轴箱密封面上细小的残留物（图 9-2-35）。

清洁曲轴箱的所有盲孔。

将所有螺纹孔在曲轴箱标记的区域中用压缩空气进行清洁（图 9-2-36）。注意戴防护眼镜。

拆卸封闭油道的专用工具。

㊻ 更换气缸垫。

使用正确零件号的气缸垫（图 9-2-37）。注意如果要修整气缸盖，可以使用一个加厚 0.3mm 的气缸垫。

检查定位套 1 在标记的区域中是否损坏，并在必要时更换新件（图 9-2-38）。

安装气缸垫。

㊼ 按与拆卸相反的顺序复原车辆。

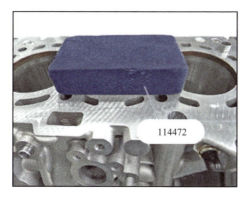

图 9-2-35　清除曲轴箱密封面上细小的残留物

图 9-2-36　清洁螺纹孔

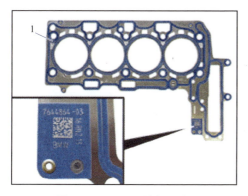

图 9-2-37　更换气缸垫

1—气缸垫

图 9-2-38　检查定位套

1—定位套

9.2.4　清洁进气道积炭

以宝马车型为例。

❶ 将车前盖置于维修位置。

❷ 断开所有蓄电池负极导线。

❸ 拆卸后部车前盖密封条。

❹ 拆卸左后发动机室的盖板。

❺ 拆卸右后发动机室的盖板。

❻ 拆卸左侧和右侧刮水臂。

❼ 拆下风窗框板盖板。

❽ 拆下中间前围板上部。

⑨ 拆下隔音板。

⑩ 拆卸后部隔音盖板。

⑪ 拆卸中间前围板下部。

⑫ 拆卸纯空气管道和谐振器。

⑬ 拆卸前部隔音盖板。

⑭ 拆下所有点火线圈。

⑮ 拆卸气缸盖罩的隔音盖板。

⑯ 拆卸高压泵和油轨之间的高压油管。

⑰ 拆下燃油进油管路。

⑱ 拆卸油轨及喷油嘴。

⑲ 拆下高压泵。

⑳ 拆卸两个执行器。

㉑ 拆下气缸盖罩。

㉒ 拆下进气集气箱。

㉓ 将活塞旋转到上止点。

> **注意**
>
> 如果用手沿错误旋转方向旋转发动机,可能损坏发动机。只能用手将发动机沿正确的旋转方向转动:沿顺时针方向,面向减振器或沿逆时针方向,面向链条传动装置。仅适用于安装了后部正时链条的情况。

准备专用工具组(图9-2-39)。

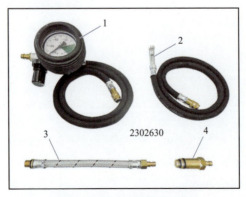

图9-2-39 专用工具组

1—压力表;2—OT查找器;3—火花塞螺纹(60)的适配接口;4—火花塞螺纹的适配接口

准备火花塞螺纹（60）的适配接口 1（图 9-2-40）。

将火花塞螺纹的适配接口 1 用手旋入火花塞螺孔（图 9-2-41）。

图 9-2-40　火花塞螺纹（60）的适配接口
1—适配接口

图 9-2-41　安装火花塞螺纹的适配接口
1—适配接口

将火花塞螺纹的适配接口 1 用普通工具 2 拧紧（图 9-2-42）。

将 OT 查找器 1 连接到火花塞螺纹的适配接口 2 上（图 9-2-43）。必须听到 OT 查找器 1 嵌入的声音。

装上专用工具（图 9-2-44）。用手通过专用工具旋转发动机。当活塞向上运行时，水准仪 2 也沿箭头方向在气缸管 1 中向上移动。将活塞旋转到上止点。在上止点处，无论是活塞还是水准仪都位于气缸管最高点。关闭阀门。确保发动机不再继续转动。

㉔ 清洁进气道。

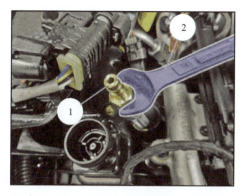
图 9-2-42　紧固火花塞螺纹的适配接口
1—适配接口；2—普通工具

图 9-2-43　安装 OT 查找器
1—OT 查找器；2—适配接口

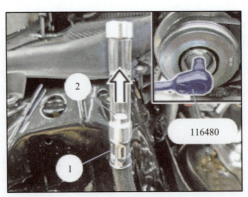

图 9-2-44　将活塞旋转到上止点

1—气缸管；2—水准仪

> **注意**
>
> 　　如果在清洁进气道时，核桃壳颗粒（核桃砂）进入燃烧室，则可能导致发动机损坏。
> 　　・仅在相应气缸的阀门关闭时清洁进气道。
> 　　・将相应气缸的活塞调整到上止点。
> 　　・如果核桃壳颗粒仍然进入了燃烧室，不要手动旋转或启动发动机，拆卸气缸盖，并清洁所有组件。

　　准备好专用工具（图9-2-45）、核桃壳颗粒和常见的吸尘器。
　　准备好喷射导管（图9-2-46）。

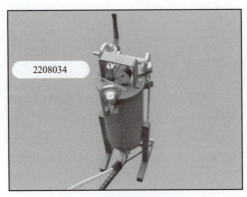

图 9-2-45　专用工具

> **注意**
>
> 喷射导管在前部区域用两个刻痕进行了标记。它们可能额外用彩色进行了突出显示。在喷射过程中,将喷射导管从喷射抽吸接头中拉出,直至可见到标记为止。

将喷射导管 1 安装在喷砂机 2 上(图 9-2-47)。

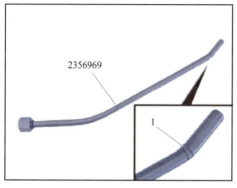

图 9-2-46　喷射导管

1—标记

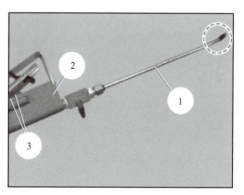

图 9-2-47　安装喷射导管

1—喷射导管;2—喷砂机;3 阀门

将吸尘器 1 与专用工具连接在一起(图 9-2-48)。

准备三个常见的塞尺 1,厚度为 0.05mm。将三个塞尺 1 的长度切割到 25mm(图 9-2-49)。

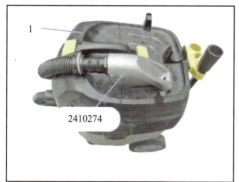

图 9-2-48　连接吸尘器与专用工具

1—吸尘器

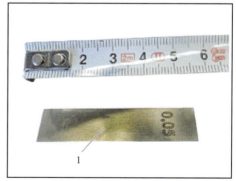

图 9-2-49　准备塞尺

1—塞尺

将准备好的塞尺 1 定位到气缸盖的窜气通道 2 上，确保气缸盖上的窜气通道 2 已用塞尺 1 封闭（图 9-2-50）。

穿入并定位气缸盖罩 1。确保塞尺（箭头）已正确定位到气缸盖罩 1 和气缸盖窜气通道 2 之间（图 9-2-51）。

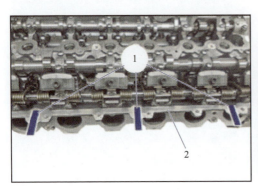

图 9-2-50　定位塞尺

1—塞尺；2—窜气通道

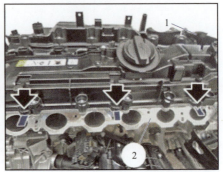

图 9-2-51　检查塞尺位置

1—气缸盖罩；2—窜气通道

穿入并安装气缸盖罩 A，按照从 1 至 15 的顺序拧紧螺栓（图 9-2-52）。预紧力矩为 8N·m，紧固力矩为 11N·m。

用刷子清洁标记表面 1（图 9-2-53）。

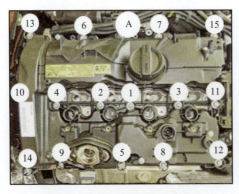

图 9-2-52　安装气缸盖罩

1～15—螺栓

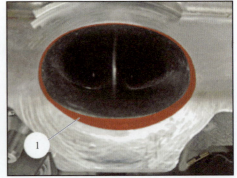

图 9-2-53　用刷子清洁标记表面

1—标记表面

将专用工具插入待清洁气缸的螺旋通道 1 中（图 9-2-54）。

将专用工具 2208033 插入专用工具 2410274（图 9-2-55）。

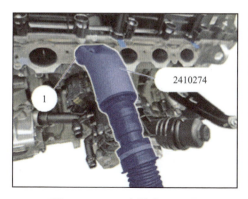

图 9-2-54　安装专用工具
1—螺旋通道

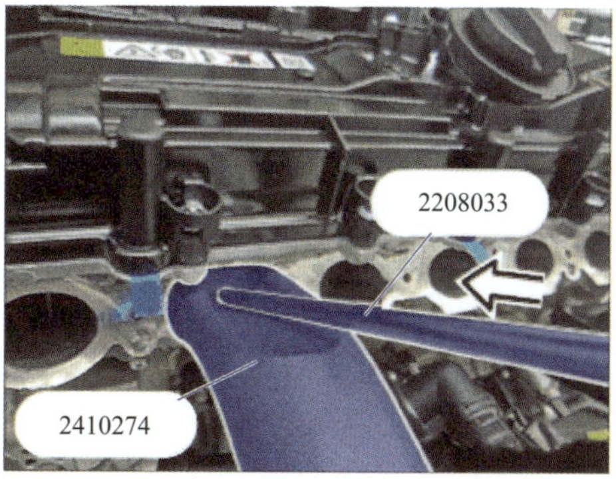

图 9-2-55　安装专用工具

接通吸尘器,将喷射导管沿箭头方向移动并旋转(图 9-2-56),从而彻底清除螺旋通道内的污物。打开阀门。

沿箭头方向向前推动安全控制杆 1(图 9-2-57)。释放压缩空气:操作阀门 2。如需释放核桃壳颗粒和压缩空气:操作阀门 2 与 3。

清洁螺旋通道。

图 9-2-56　清除螺旋通道内的污物
1—阀门位置

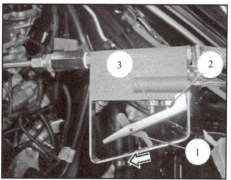

图 9-2-57　操作控制杆
1—安全控制杆;2,3—阀门

关闭喷射导管上的阀门。检查压力测量仪上的压力下降。在所有其他气缸上依次重复下列工作步骤:将待清洁气缸的活塞旋转到上止点;清洁进气道。

按照 15 至 1 的顺序松开螺栓(图 9-2-52),抽出并拆卸气缸盖罩 A。

将塞尺从气缸盖的窜气通道上抽出,用压缩空气喷枪 1 清洁窜气通道 2(图 9-2-58)。

确保窜气通道 1 中没有核桃壳颗粒（图 9-2-59）。

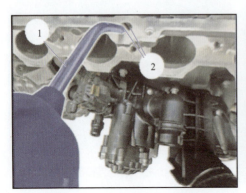

图 9-2-58　清洁窜气通道

1—压缩空气喷枪；2—窜气通道

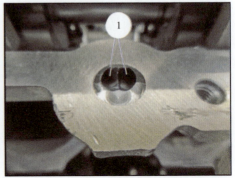

图 9-2-59　确保窜气通道中没有核桃壳颗粒

1—窜气通道

确保进气道 1 中没有核桃壳颗粒（图 9-2-60）。

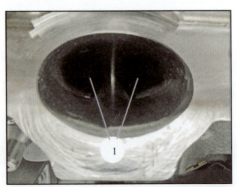

图 9-2-60　确保进气道中没有核桃壳颗粒

1—进气通道

㉕ 按与拆卸相反的顺序复原车辆。

9.2.5　检查气缸盖的水密性

以宝马车型为例。

❶ 准备好专用工具组（图 9-2-61）

❷ 准备好专用工具（图 9-2-62）

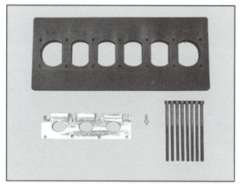
图 9-2-61 准备好专用工具组

图 9-2-62 准备好专用工具

❸ 将专用工具插入气缸盖 1 并安装（图 9-2-63）。拧紧螺栓 2，标准力矩为 8N·m。

❹ 将气缸盖定位在专用工具上，确保橡胶涂层指向气缸盖并且封闭气缸盖上的所有水槽。

❺ 将气缸盖安装到专用工具上（图 9-2-64），标准力矩为 35N·m。

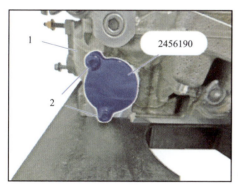
图 9-2-63 安装专用工具

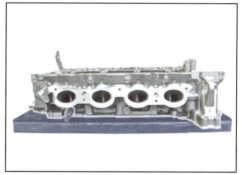
图 9-2-64 将气缸盖安装到专用工具上

❻ 拆下排气接头 1（图 9-2-65）。
❼ 在气缸盖上安装专用工具的阀门（图 9-2-66），标准力矩为 18N·m。
❽ 加热气缸盖至 60℃。
❾ 连接压缩空气，最大压力 3bar（0.3MPa）。
❿ 在水池中检查气缸盖的密封性。如果形成气泡，在气缸盖上出现气泡的位置检查是否有损坏。必要时修理或更换新的气缸盖。
⓫ 复原气缸盖。

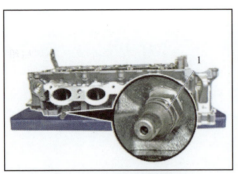
图 9-2-65　拆下排气接头

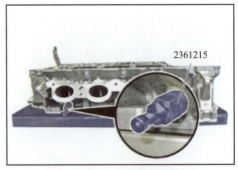
图 9-2-66　在气缸盖上安装专用工具的阀门

9.3　绿色维修技术在底盘维修中的应用

（1）汽车底盘的组成与功能

汽车底盘是汽车的重要组成部分，一般情况下，汽车底盘涉及传动系统、行驶系统、转向系统和制动系统四部分（图 9-3-1），其中任一系统运行出现故障后，就会影响汽车的正常行驶（图 9-3-1）。

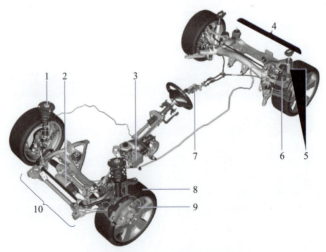

图 9-3-1　汽车底盘的组成

1—悬架/减振器；2—电子助力转向系统（EPS）；3—动态稳定控制系统（DSC）；
4—五连杆后桥；5—减振系统；6—悬架；7—驻车制动器；8—车轮；9—制动器；
10—带拉杆的双铰接弹簧减振支柱前桥

（2）汽车底盘检测与维修的必要性

汽车作为人们日常生活中代步的重要工具之一，对其底盘检测与维修工作的开展是保障汽车行驶安全的重要处置措施之一。首先，在汽车底盘检测与维修工作中，能够及时发现汽车自身故障，为安全行驶提供保障。其次，通过底盘检测与维修工作，能够对汽车零部件的损耗情况作出评估，对于零部件更换具有重要指导意义。最后，通过底盘检测与维修工作，能够对汽车的自身性能评估作出分析，可以在检测与维修中，就汽车的性能发挥情况作出改进，能够提高汽车自身运行能力，进一步为汽车的安全驾驶提供支撑。

（3）汽车底盘检测与维修中常见的故障

在汽车底盘检测与维修工作落实之前，对于常见故障的分析是非常关键的，只有确定了常见的故障类型，这样才能为汽车底盘检测与维修工作提供帮助。通常情况下，汽车底盘检测与维修中常见的故障类型主要有底盘磨损造成的故障及由于进水和油污造成的底盘损耗。

行驶过程中车辆拉向一侧（图9-3-2）

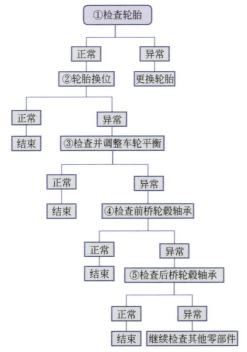

图 9-3-2　行驶过程中车辆拉向一侧检查流程

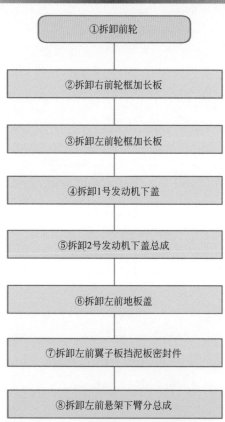

图9-3-3 拆卸前悬架下臂检查流程

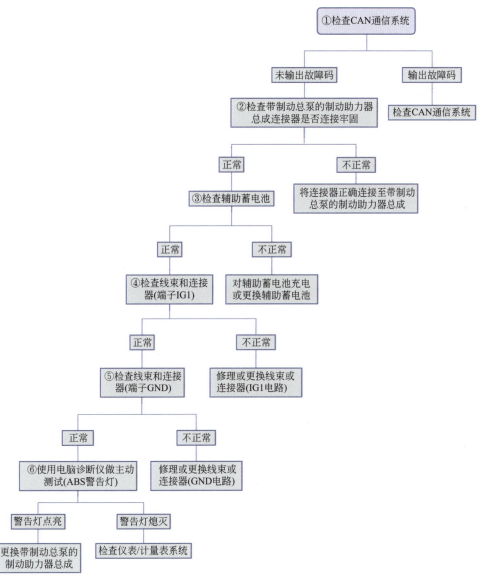

图 9-3-4　ABS 警告灯保持点亮状态检查流程

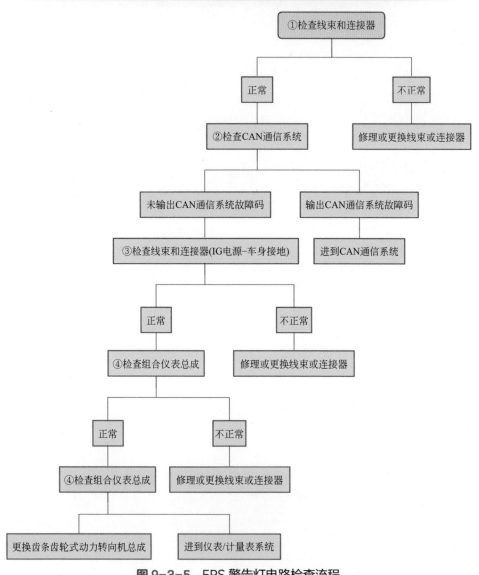

图 9-3-5　EPS 警告灯电路检查流程

9.4 绿色维修技术在变速器维修中的应用

(1) 自动变速器的类型

❶ 液力自动变速器（AT） 由液力变矩器、行星齿轮和液压操纵系统组成，通过液力传动和齿轮组合的方式来达到变速变矩，采用普通自动变速箱或普通自动变速箱带手自一体控制形式，这种变速器应用最广泛。

❷ 机械式无级变速器（CVT） 即连续可变传动，采用无级变速箱，没有明确具体的挡位，操作上类似普通自动变速箱，但是传动比的变化却不同于普通自动变速箱，动力传输持续而顺畅。

❸ 电控机械式自动变速器（AMT） 在传统的手动齿轮式变速器基础上改进，手动变速箱和离合器配备一套电子控制系统，以达到自动切换挡位的目的。

❹ 双离合自动变速器（DCT） 基于手动变速箱研发而成，其两离合器与两输入轴相连，换挡和离合操作都是通过集成电子和液压元件的机械电子模块来实现的，不再通过离合器踏板操作。

(2) 绿色自动变速器维修理念

❶ 绿色自动变速器维修简介 以先进技术和产业化生产为手段，将传统的"制造→使用（维修）→报废"转变为"制造→使用（维修）→再制造→再使用"，使有限的资源尽量循环利用下去。再制造变速器是指将原来有故障的变速器全部拆解清洗，将易损零件和关键零件等更换为原厂新件，并运用高科技的修复技术，按照制造工艺的要求进行专业化修复，使其在技术性能和质量指标等方面完全与全新状态保持一致。

❷ 再制造的目的和意义

a. 节约有限的资源。

b. 减少用户维修等待时间。

c. 减少维修费用。

d. 减少用户投诉。

e. 提高客户满意度。

❸ 再制造的核心要求 可以使需要再制造的变速器性能恢复到符合变速器性能标准的水平，所有零部件的使用寿命也有所延长，使其质量指标和新变速器保持一致，当然以上这些都需要专业的设备、工具、知识和能力作为保障。

❹ 再制造必须实施的工艺

a. 全部零部件拆解清洗。
b. 对易损零件百分之百更换,包括密封件、油封、滤网、摩擦元件等。
c. 对已损坏的零件和与使用里程相关的损耗零件进行更换或进行高技术加工。
d. 所有更换的零件都采用原厂或者相当于原厂级别的零件。
e. 根据变速器的易发故障进行工艺改良,使其性能超过原来新品。
f. 对所有重新使用的零件进行严格的检测鉴定。
g. 执行新变速器的技术要求和质量标准,按制造工艺进行总成装配。
h. 进行严格的台架试验。

❺ 再制造给各方带来的利益 为了使有限的资源合理循环利用,越来越多的汽车生产厂家、汽车经销商、保险公司、车主使用再制造产品,这无疑给各方都带来了利益。

a. 汽车经销商获得的利益
i. 依靠更具有竞争优势的价格提高销售额。
ii. 采用更快速的再制造技术进行修理,同时使价格更优惠,使维修站拥有忠实的客户。
iii. 低廉的维修成本促进汽车的销售。
iv. 节省时间,用更换整个部件代替耗时的维修。
v. 更高的汽车流通率,可使维修企业节约空间从事其他作业。

b. 车主获得的利益
i. 低廉的维修价格,再制造零部件比新零件平均可便宜 50%。
ii. 更短的维修时间,用户可以更快拿到汽车,这对商用车用户很重要。
iii. 提高车辆再出售的价值。
iv. 技术上,再制造零件延长了使用寿命。
v. 再制造过程中兼顾了技术改进。
vi. 只使用原装零件。

(3)绿色自动变速器维修的应用

❶ 车辆加速不良

故障现象:车辆在 50km/h 以下加速不良,车速上升缓慢,过了低速区后加速良好。

故障原因:液力变矩器内支撑导轮的单向离合器打滑。

传统维修方案:更换液力变矩器总成。

绿色自动变速器维修方案:用车床剖开液力变矩器,更换导轮和单向离合器。

❷ 冷车挂挡熄火

故障现象:冷车挂挡时熄火,或挂挡时发动机严重发抖,行驶中出现耸动，踩制动踏板严重振抖或者熄火，调故障码，显示变矩器机械故障。

故障原因：阀体上锁止电磁阀或其下面的 TCC 阀芯卡滞。

传统维修方案：更换阀体总成。

绿色自动变速器维修方案：清洗锁止电磁阀，抛光机械阀芯。

❸ 冷车运动模式灯和雪地模式灯交替闪烁

故障现象：AL4 变速器报警，运动模式灯和雪地模式灯交替闪烁，冷车容易出现，尤其是早上刚上路时，二挡升三挡突然一振，就报警了，变速器锁在三挡，调故障码多为机油压力故障。

故障原因：压力调节电磁阀故障或密封圈泄压。

传统维修方案：更换阀体总成。

绿色自动变速器维修方案：更换压力调节电磁阀或密封圈，同时更换油压调节电磁阀和变矩器锁止电磁阀。

❹ 没有高速

故障现象：车辆启动和中低速行驶正常，但没有高速，温和踩加速踏板最高车速只有 80～90km/h，加大节气门开度，最高车速也只有 110～120km/h。

故障原因：支撑导轮的单向离合器卡滞，在感觉上有一点像发动机排气不畅，但发动机排气不畅时冷车启动困难，打开空气滤清器上盖，拆下滤芯，发动机急加速时此处能看见废气返流，而支撑导轮的单向离合器卡滞，没有废气返流。

传统维修方案：更换液力变矩器总成。

绿色自动变速器维修方案：用车床剖开液力变矩器，更换导轮和单向离合器。

9.5 绿色维修技术在车身维修中的应用

9.5.1 安全气囊拆装注意事项与处置

(1) 安全气囊拆装注意事项

❶ 不可使用检测灯、电压表、欧姆表等简单工具，应用高阻抗万用表检测安全气囊系统的电路及 SRS 报警灯。

❷ 拆卸工作必须在点火开关关闭的情况下进行，并将蓄电池负极电缆拆下 20s 后才能开始。

❸ 不可将安全气囊放到无人管理的地方，存放时应将起缓冲作用的面向上，向下可能会发生意外展开而导致严重事故。切勿在安全气囊总成上放置任何物体。若充气组件从 90mm 以上高层落地就不能使用了。

❹ 为防止损坏安全气囊总成，应使其远离任何油脂、清洁剂和水等。

❺ 如果车辆发生轻微碰撞，安全气囊系统即使没有触发，也应检查转向盘衬垫、前排乘客安全气囊总成、座位安全带收紧器和安全气囊传感器。

❻ 安全气囊系统只能工作一次，发生事故被引爆后的安全气囊必须更换。为安全起见，安全气囊系统的所有元件也需更换。

❼ 在使用喷灯或焊接设备时，不得靠近充气装置，以防导致安全气囊自动充气。

❽ 在检修时不要使转向盘衬垫、碰撞传感器、座位安全带收紧器或前排乘员安全气囊总成直接暴露在热空气中或接近火源，充气组件不能承受 65℃ 以上的温度。

❾ 在拆检或更换安全气囊时，切勿将身体正面朝向安全气囊总成。

安全气囊位置如图 9-5-1 所示。

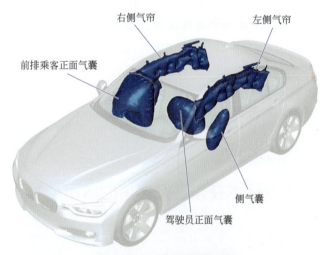

图 9-5-1　安全气囊位置

（2）安全气囊的处置

❶ 处理报废安全气囊的必要性　当装有安全气囊的车辆报废时，如果不引爆车辆上的安全气囊，则安全气囊处于化学的、物理的危险状态，可能引起人员伤亡事故。首先，未经处理的安全气囊的气体发生器内部存在点火剂或气体发生剂，其中叠氮化钠有剧毒，燃烧后才可转化为无害物质。其次，安全气

囊引爆时的力非常大，若把安全气囊面向地面展开，其反冲力足够把安全气囊冲高 20m 左右。为了避免这些危险，在报废车辆时，必须把安全气囊引爆。

❷ 安全气囊引爆方法

a. 机械式安全气囊引爆方法　拆下安全气囊，随后把 5 个没有轮辋圈、轮毂的轮胎堆放起来，将安全气囊悬吊在轮胎中心部位，让安全保险机构解除的安全气囊从 20cm 高度落下而点火。

b. 电气式安全气囊引爆方法

• 车下引爆安全气囊方法：用各公司规定的引爆展开处理用插件或电缆线束进行连接，把 5 个轮胎堆放起来，将安全气囊置于其中，利用蓄电池作为电源进行引爆展开作业。

• 车上引爆安全气囊方法：将车辆移到空旷处，打开所有车窗和车门，拆下蓄电池负极和正极，将蓄电池搬出车外；至少 30s 后，拆下安全气囊控制块连接器，在气囊引发器端各接一条 10m 长的电线；让在场人员退出 10m 外，将电线触及 12V 蓄电池的正、负极，此时能听到气囊爆炸的声音；10min 后，气囊冷却，烟尘散尽，人才能过去。

❸ 安全气囊回收

a. 金属回收　气体发生器的壳体由钢板或铝合金板冲压而成，过滤装置也由金属或复合材料制成。对气体发生器的金属有两种回收方法：一种是加热熔化，但需要事先清除化学残余物；另一种是综合回收，仅将这些燃烧残余物作为熔渣清除，效率较高。

b. 氢氧化钠回收　将氢氧化钠通过再结晶的方法回收。

c. 塑料件及气囊回收　安全气囊系统中的所有零件几乎都为塑料件，可经粉碎、机械及化学的方法再加工而变成热塑材料的原料。尼龙织布气囊取出后，经粉碎、加热、挤压成型等工序制成颗粒，经与纯净的树脂及添加剂混合，可用于注射成型。

9.5.2　车身钣金修复

某些特定的车身外部面板组件的损伤类型是可以修复的，不必更换完整的组件。可以采用多种外部面板的修复方法。要从中选定最恰当的方法，必须对具体的损伤情况进行详尽地评估。通常会结合不同的修复方法来完成修复作业。

（1）车身修复工具

❶ 敲平锤和砧座（图 9-5-2）。

❷ 焊接设备和叩击锤（图 9-5-3）。

图 9-5-2　敲平锤和砧座

图 9-5-3　焊接设备和叩击锤

❸ 焊接设备和拉拔工具（图 9-5-4）。
❹ 粘接工具和拉拔工具（图 9-5-5）。

图 9-5-4　焊接设备和拉拔工具

图 9-5-5　粘接工具和拉拔工具

（2）车身损伤分析

　　事故形成的车身组件损伤类型种类较多，必须判定所有的受损组件并具体分析每一处损伤，才能最终决定应在各损伤部位采用哪些修复方法。一般而言，只有轻微或中等程度的损伤才可以通过平复凹痕来解决。前提条件：损伤未及外部面板之下的支撑机构或加固机构；粘接或焊接位置没有撕裂；外部车身面板上没有碎裂。

❶ 凹痕与凸起　凹痕是指向内侧凹进的损伤，凸起是指向外侧凸出的损伤。车身外部面板的大部分损伤都属于凹痕（图9-5-6）。

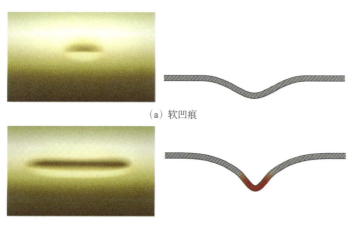

(a) 软凹痕

(b) 锐凹痕

图 9-5-6　凹痕的类型

凹痕的区分主要根据损伤的深度和锐度。软凹痕的漆面一般没有损坏，可以用最小的作用力予以修复，不会损伤漆面。锐凹痕的修复则需要较大的作用力，一般来说漆面已经受损，通常不太可能在不损伤漆面的情况下进行修复。

应使用恰当的照明方法来判断凹痕的尺寸和形状。用管型灯照亮受损区域。管型灯必须尽可能保持和车身外部面板的平行位置。在修复过程中应随时调节灯管的距离和光线的入射角度。依靠光线在漆面上的反射，能够很快查明表面的变形位置。为了精确地评估受损状态，应在修复过程中尽量不破坏漆面（图9-5-7）。

 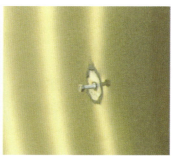

(a) 修复之前的受损区域　　(b) 修复之后的受损区域

图 9-5-7　探查损伤位置

❷ 挤压和抻拉区域　挤压和抻拉会形成剩余变形。受损点的外围面板通常会受到向心的挤压和抻拉作用力。因此，大部分的凹痕不仅带有向内的变形，还有向外的变形。应在修复中平整挤压和抻拉区域。向外变形的区域成为冠盖（图 9-5-8）。

图 9-5-8　变形区域

A—原始廓形；B—轻微变形区；C—向外变形区（挤压面板）；D—向内变形区（轻微抻拉面板）；E—最初的物体撞击变形位置（严重抻拉面板）

(3) 车身焊接牵引修复

钢板和铝板的车身外部面板组件的轻微和中度损伤可以通过修复工具进行修复（图 9-5-9）。利用焊接设备在外部面板上焊接牵引杆挂耳或螺钉。各焊接参数可以单独调节和存储。应先进行几次试焊，确定针对不同材料的最佳焊接设置。温度和湿度等外部影响因素也会影响焊接效果。一般应尽量缩短焊接用时和减少焊接用电量，因为由此产生的升温可能会导致材料的额外张力、固化或削弱。

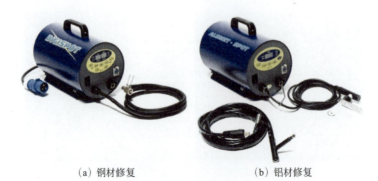

(a) 钢材修复　　　　　(b) 铝材修复

图 9-5-9　焊接设备

❶ 钢材修复 在钢材修复中，可以不同角度和组合方式焊接牵引杆挂耳。在凹痕修复完后，转动挂耳可将其取下，可多次重复利用（图9-5-10）。

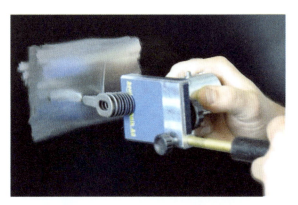

图9-5-10 牵引杆挂耳的焊接

❷ 铝材修复

a. 使用AlSi12材料制作用于车身外部铝材面板的修复用螺钉。其他铝合金螺钉的粘合性不足，甚至可能导致损伤，例如焊缝熔深过深形成的孔洞。

b. 螺钉带有一个尖端，可用于焊接。在焊接过程中必须以适当的力将其按压固定在铝板上。必须采用正确的螺钉和作业面接近角度。

c. 由于铝材易碎，因此螺栓的数量应尽量多些，保证将拉力分散。如果螺钉撕裂，可能在铝板上留下孔洞，迫使更换整个组件。

d. 应在即将进行螺钉焊接时才移除漆层，因为在30min后将形成一层氧化铝层，会降低螺钉和外部面板之间的连接强度。在修复过程中，必须多次清理形成的氧化铝层。此时必须使用经许可用于铝材处理的研磨剂。

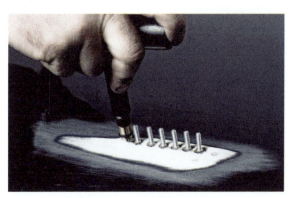

图9-5-11 螺钉的焊接

e. 凹痕修平之后，应立即切掉螺钉并将残留部分打磨平整。螺钉不得重复使用。

（4）车身拉拔修复

修复车身外部钢材面板和铝材面板需要使用不同的拉拔系统。用拉拔吊梁（图9-5-12）可以对凹痕施加均匀的拉力。吊梁座以车身未受损区域为支撑。此时面板处于机械张力作用下，可把挤压区域（冠盖）均匀地锤平。用这种方法可以减少机械张力，使面板恢复原始造型。整个过程应分为若干步来完成，如果一次性拉拔凹痕，可能导致更多的损伤。

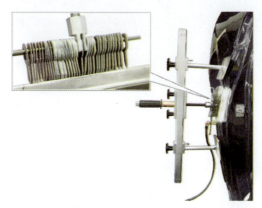

图9-5-12　拉拔吊梁

在使用拉拔吊梁进行修复时，可以同步采用其他不同的凹痕修复工具（图9-5-13）修复冰雹击伤等小凹痕。修复时，用专用的拉拔装置精密地提供拉力。这对于铝材的修复格外有效。图9-5-13（a）所示工具可直接连接焊机，省

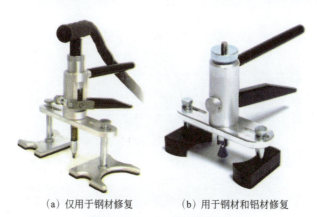

(a) 仅用于钢材修复　　(b) 用于钢材和铝材修复

图9-5-13　凹痕修复工具

去了单独焊接牵引杆挂耳的环节；图 9-5-13（b）所示工具需要固定在事先焊好的螺钉或粘接的牵引钮上。

车身外部面板铝合金组件的修复流程与外部面板钢材组件的修复流程只有有限的几个差异。但必须特别注意铝材的独特特性。铝材极易碎裂，因此必须将铝材的重新成型流程分解为多个子环节，并施用低于钢材的作用力。温度能够大幅降低重新成型的作用力。但不能将铝材加热到 60℃ 以上。必须使用可调节温度的热风吹风机进行加热。严禁大面积加热外部面板（图 9-5-14）。在处理铝材时，过大的作用力可能形成孔洞或破损，为组件带来不可挽回的损伤，最终不得不进行更换。

图 9-5-14　铝材的处理

（5）塑料粘接修复

能否应用该方法进行修复，取决于损伤的类型、严重程度和位置。修复时，不必确认塑料的等级。粘接组件，待粘接剂固化后，组件前面的修复区上涂敷粘接剂，再次完成固化之后，即可按照组件的原始造型打磨表面。

修复工具包括双组分粘接剂、塑料底涂剂、清洁剂和稀释剂、胶枪、加固织物、加固带（图 9-5-15）。

（6）塑料焊接修复

塑料焊接修复工艺可用于修复 PP+EPDM 和 ABS 的塑料组件（热塑性塑料）上的较小破损。车间中应使用带有烙铁和焊接头的塑料修复工具包。根据组件的材料组成，可采用专门的焊丝。

修复工具包括带焊接头的烙铁、PP 焊丝、ABS 焊丝、通用焊丝、110V/220V 变压器、铝合金粘接带、裁纸刀（图 9-5-16）。

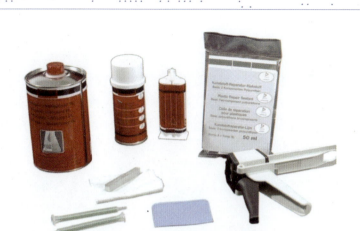

图 9-5-15 塑料粘接修复工具

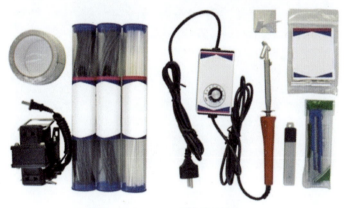

图 9-5-16 塑料焊接修复工具

相对于塑料粘接修复,塑料焊接修复的优势在于不必等待粘接剂固化,而且操作流程较少。

热塑性塑料的独特特性与金属很类似,都可以重复熔融并改变几何造型。